야외활동과 건강생활

백남섭, 김효철, 심명섭, 배영대, 김재형

인간은 원시자연으로부터 문명발달 과정을 거쳐 사회라는 공동체를 이루고 살아가고 있다. 문명의 발달은 지구상의 다른 어떤 생명체와도 구별되는 인간만의 독특한 생활양식을 창조하였다. 인간은 자연조건에 맹목적으로 의존하던 불안정한 삶에서 벗어나 안정되고 편안한 삶을 미래로 이어갈 수 있는 최적의 조건을 창조하였다. 문명화의 과정을 거치는 동안 현대인들은 어느 시대에도 비견할 수 없는 물질적으로 풍족하고 여유로운 생활을 누리고 있다.

문명의 발달로 인해 인간은 자연물을 삶에 이용하여 효율적이고 실용적인 삶의 방식은 확보할 수는 있었지만 자연과 인간이 교감할 수 있는 기회와 조건이 적어지고 있다. 자연과 교감하는 방식으로부터 멀어짐으로서 인간은 가장 기본적이고 원초적인 생존원리를 망각하게 되었다. 현대인은 쥐나 원숭이보다도 천재지변이나 자연재해로부터 생존률이 떨어지고 있다는 사실은 지구라는 별에 살고 있는 인간의 불안정한 모습이라 할 수 있다. 제아무리 높은 수준의 문명을 갖춘 민족이라도 거대하고 위대한 자연의 영향으로부터 완전히 자유로울 수는 없다. 이러한 사실의 망각은 문명화 속에서 안심하고 있는 인간의 무감각이라 할 수 있다.

현대인들의 삶은 지나치게 인위적인 창조와 개발을 가장 우선되는 가치로 설정함으로서 자연의 원리, 즉 생명활동의 근원을 망각하고 있는 것이다. 인위적인 창조와 개발은 인간과 세상과의 관계성의 의미를 변질시키고 있다. 더욱이 육체적이고 물질적인 측면을 넘어 정신적인 측면에서도 인간의 감성이 콘크리트와 아스팔트처럼 굳어 가고 있다는 점에서 지나치게 인조(人造)되어가고 있는 인간의 미래가 우려스러울 뿐이다.

더욱 우려스러운 일은 과학화된 세계에서의 인간교육은 이성 중심으로 체계화되고 고정화된 지식을 추구하고 있다. 지나친 이성 중심 교육으로 인해 형식화되고 고정된 틀에 짜인 인간지식은 삶의 형식을 일관되게 단순화시키고 있다. 능동적이고 변화 가능한 다양한 의미가 있는 인간다운 삶에 대한 이해를 구하기 위해서는 인간과 자연과의 관계를 바르게 이해할 필요성이 있다.

인간이 자연환경의 영향으로부터 삶을 능동적으로 개척한 이후 현대인들은 자연으로부터 시작된 인간 존재의 본질이 무엇인가에 대해 망각하고 있다. 인간의 자연환경극복은 인간의 삶을 안락하고 편안하게 인도하였지만 인간의 가장 원초적이고 본질적인 본능까지는 해소하지는 못하고 있는 것이 사실이다. 아무리 첨단문명의 도심 속에서 살아가는 사람일지라도 계절의 변화에 따라 마음이 바깥세상과 교감하여 움직이는 감정을 느끼게 되고 마음의 느낌에 따라 몸도 계절변화에 반응하여 행동하게 되는 것은 인간의 원초적인 본능의 잠재된 감성에너지가 발현되는 것이다.

산업사회 이후 인간교육은 감성보다는 이성 중심으로 이루어졌으나 이후 현대사회로 진입한 이후에는 실존주의사상과 포스트모더니즘의 영향으로 이성의 지배로부터 자유로운 삶의 가치를 새롭게 인식하게 되었다. 현대인들은 그동안 자본과 물질중심의 행복관으로부터 탈피하여 새로운 행복관과 인생관을 탐구하고 있다. 여가생활과 삶의 질에 대한 관심이 증폭되고 있다. '웰빙(Well-being)'이라는 참살이 방법은 삶의 질을 중요하게 여기는 현대인의 인생관의 변화가 느껴진다. 행복, 안녕, 복지 등을 의미하는 웰빙은 기존의 물질적 가치와 명예를 얻기 위해 달리던 인생관에서 탈피하여 신체와 정신이 건강한 삶을 행복의 척도로 삼아 마음의 평안과 정신의 풍요로움을 중시하는 세상살이를 말한다. 최근 여행과 레저 등 자연을 누리고 사는 것에 대한 관심이 높아지는 것은 야외활동을 통한 심신의 조화를 인생 중요한 가치로 여기는 생활태도의 변화 때문이다. 인간다운 삶을 완성하기 위한 노력이라는 점에서 야외활동은 중요한 가치가 있는 것이다.

야외활동은 인간의 감성을 일깨우는 정체성의 회복과정이기도 하다. 이것은 인간의 근원과 본질이 무엇이었는가를 망각하지 않기 위한 최소한 문명인들의 노력인지도 모른다. 감성의 발현은 인간됨의 가장 우선되는 조건으로 사랑과 우정의 단서가 되며 이것은 곧 생명활동의 원동력이 된다. 감성을 발현하고 공감하지 않는 인간관계는 참다운 인간성을 발휘하기 어려울 뿐만 아니라 인간성 상실을 가속화 시킬 뿐이다. 이러한 인간은 결국 문명도시에는 적응하였는지는 몰라도 세상(자연)의 진리에 적응하지 못한 삶, 즉 세상살이에 부적응자 또는 실패자라 할 수 있다. 제아무리 깊은 도심 속 마천루에서 최첨단의 문명인다운 삶을 살아가고 있다고 해도 그들은 가장 기초적인 생리 작용을 해결하지 않으면 살아갈 수 없으며, 그러한 작용은 곧 인간이 세계안의 일반적이고 보편적인 동물성을 탈피할 수 없는 하나의 존재자임을 일깨워 주는 단순한 진리이다.

하늘과 땅은 세계안에 존재하는 인간이 지고 딛고 살아가는 공간, 즉 생존을 보장해주는 드넓은 집이라 할 수 있다. 우주(宇宙, 공간과 시간)는 곧 인간이 생존을 영속할 수 있는 안락하고 편안한 인간의 집인 것이다. 세계 내에 존재하는 인간이 자신의 존재 근거와 본질을 생각하고 직접 체험해보지 않고서는 그 어떤 과학적 이론으로 전제하더라도 진리라고 주장될 만한 근거가 미약하게 됨은 물론이다. 곧 자연의 원리에 위배되는 어떠한 과학적 성과도 지식으로서의 가치를 부여할 수 없게 되는 것이다. 그러한 지식은 지식을 위한 지식, 즉 실천되지 못하는 개념과 이론에 머무를 수밖에 없는 것이다.

인간이 자연과 벗하며 살아가야 하는 것은 그곳이 인간생명이 시작된 원천이며, 현재 우리의 생명이 연속되고 있는 것도 자연(自然, 스스로 그러한)생명력의 연장임을 개념적이고 이론적인 계산에 앞서 직관적이고 본능적으로 인식해야 한다.

야외활동은 자연의 무한한 생명에너지가 어떻게 생성되고 유지되고 있는가를 인식하고 우리의 삶에 어떻게 작용되고 있는지를 이론, 즉 머리를 통해 이성적·관념적으로 이해하는 것이 아니라 몸으로 직관적·실천적으로 배우고 알아가는 중요한 공부, 즉 인간의 몸으로 배우는 것이다. 따라서 세계내 존재로서 인간은 자연의 흐름에 교감하지 않고 이 세상을 사는 것은 온전한 인간으로서의 삶을 산다고 할 수 없는 것이다.

PART II 건강생활

Chapter 3
스포츠 마사지 ——————————————————— 105

Chapter 4
테이핑(Taping) ──────────────────────────── 183

PART Ⅰ
야외활동과 안전교육

Chapter 1

야외활동의 이해

1. 야외활동의 의의

1) 야외활동의 기원과 역사

인간의 삶은 원시자연으로부터 시작되었다. 오래전부터 인간은 산과 들, 바다와 강이라는 자연환경에 의지하고 살아왔으며 그 가운데 생존에 적합한 지리적 환경과 합리적인 도구의 사용을 자연스럽게 발전시켰다. 인류가 존재한 이후 야외(野外)는 그 자체가 인간의 삶의 터전이었다. 넓은 대지 위에서 인류는 의식주를 해결할 수 있는 주거지를 찾아 생활하면서 여가를 즐기고 자손에게 삶의 원리와 방식을 끊임없이 전하였다. 만물의 영장인 인간은 지혜로서 혹한의 겨울, 혹서의 여름, 태풍, 홍수, 한발(旱魃, 가뭄) 등 자연환경의 변화로부터 능동적으로 대처하는 원리를 이해함으로서 생활의 안녕과 행복을 얻는 법을 터득하여 온 것이다.

현대를 살아가는 인간들은 야외활동을 통해 시간을 보내고, 즐겁게 활동에 참가하는 것, 자연현상을 이해하고 깊이 인식하는 것이 행복한 생활의 밑거름이 된다는 것에 동의할 것이다.

18세기 계몽사상가인 루소(J. J. Rousseau)의 "자연으로 돌아가라"는 말은 오늘 날에도 교육사상에 중요한 의미와 가치를 차지한다. 루소의 자연주의 사상은 종교사상 중심으로 이성적인 인간을 지향하던 당시 유럽의 교육사상에 변화에 큰 영향을 미쳤다. 루소는 "산다는 것, 이것은 숨쉬는 것이 아니라 활동하는 것이다. 산다는 것은 신체기관, 감각, 능력 등 우리 존재에 대한 감정을 부여하는 모든 부분을 활용하게 하는 것이다."라고 하였다. 이것은 곧 몸으로 느끼고 행동으로 실천하는 생기발랄한 적극적인 활동이 생동감 있는 온전한 인간의 삶임을 나타내는 말이다. 자연주의 교육은 야외활동을 가장 자연스러운 교육방법으로 삼아 개성과 주체성을 발현하는 중요한 교육목표를 실천하였다. 이러한 사상적 배경은 유럽을 중심으로 하고 있으나 야외활동이 교육내용으로 활발하게 전개된 것은 19세기 중엽 미국이 중심인 것으로 보인다. 1854년 헨리 도로우(Henry D. Thoreau)는 자신이 야외생활을 추구하는 이유에 대해 다음과 같은 글을 남겼다. "나는 사려 깊게 살기를 원하고, 단지 삶이 가르쳐야만 하는 것을 내가 배울 수 있는지 여부를 알기 원하고, 내가 죽게 되었을 때 실제로는 내가 산 것이 아니라는 허망함에 빠지지 않기 위해서 숲속으로 들어갔다. 우리들의 삶이란 세세한 사건들로 인해 어지럽혀진다. 단순화시켜 살라, 단순화시켜 살라." 이 말은 전통과 비속화를 타파하고 단순한 삶에서 위안을 받으려는 사람들과 지식인 층도 크게 감명받았다. 야영은 야외활동의 가장대표적인 형식으로 오늘날 레크리에이션의 한 영역으로 교육적인 목적으로 실시되고 있다. 현대적 의미의 야영은 1896년 독일의 C. 피셔를 비롯한 고등학교 학생들이 국토순례를 한 것에서 시작되었다. 그들은 국토를 순례하면서 나라의 장래와 자기들의 포부에 대한 토론을 했는데, 이것이 철새라는 뜻의 '반더포겔(Wander Vogel)'로 불리면서 전국에 확산되었다. 1907년에는 영국에서 보이스카우트 창시자 베이든 포우엘(Baden Powell)경이 보이스카우트 단원을 중심으로 야영을 함으로서 이를 스카우트 운동의 기원으로 삼았다. 미국에서는 남북전쟁 무렵 코네티컷주에서 F.W. 검이 어린이들을 모아서 캠프를 열었던 것이 시초이다. YMCA의 캠프는 1881년 뉴욕 브루클린의 YMCA에서 시작되었고, 1885년 이후 복음주의 캠프와 일반캠프, 특히 조직 캠프의 주도적인 역할을 하게 됨으로서 캠프가 조직화되었다. 이후 1930년대에 접어들면서 캠프와 컨퍼런스 등을 위한 영구 시설을 갖추기 시작하여 영구막사와 식당 등이 설치되었으며 수영장과 레크리에이션 시설이 확충되었다.

  우리나라에서 캠프의 시작은 선교사와 부흥사에 의해 주도된 사경회와 YMCA를 통해서였다. 1970년대까지만 하더라도 YMCA의 다락원 캠프장(의정부시), YWCA의 버들 캠프장(시흥시), 한국보이스카우트연맹의 원당 캠프장, 유네스코 캠프장(이천시), 적십자 연수원(화성시), 가톨릭 청소년 야영장(양평군) 등 주로 서울 인근 경기지역에 설치된 사회문화단체의 부설 캠프장이 주종을 이루었으나, 1980년대부터는 청소년들의 심신수련을 위하여 국립공원과 도립공원 내에 야영장을 개설했다. 넓이 6만 510㎡에 수용능력 3만 130명의 덕유산 야영장(4곳), 넓이 1만 15㎡에 수용능력 6,820명의 지리산 야영장(11곳), 넓이 8만 9220㎡에 수용능력 1만 635명의 북한산야영장, 넓이 7만 390㎡에 수용능력 6000명의 경포대 야영장 등 전국 18개 지역의 산과 해변·공원에 국립·도립의 야영장을 개설했으며, 각 사회·문화단체의 시도별 야영장 50여 곳을 개설하여 등산과 극기훈련 및 체력단련 등의 교육장으로 이용하고 있다. 또한 1991년 8월에는 보이스카우트의 세계야영대회인 제17회 세계잼버리를 강원도 고성군에서 개최하였는데 행사 당시 야영장의 일부를 상설 영구 야영장으로 개설하였다.

2) 야외활동의 개념

야외활동이란 야외에서 야영생활을 하면서 간단한 지형지물을 이용하여 천막이나 텐트를 치고 생활(露營生活)하는 것을 말한다. 주로 호수나 산, 해변 등 자연 속에서 이루어지는 활동이라 할 수 있다. 야외활동 중에 이루어지는 야영은 주로 일시적으로 하는 야외생활로 캠핑(camping)이라고도 한다.

야외활동의 범위는 여행이나 등산을 위하여 그룹이나 개인이 단지 숙박을 하는 것부터 일정한 프로그램을 가지고 야외에서 공동생활을 하며, 대자연 속에서 학습과 활동을 통하여 서로 인격을 높여가는 야외활동까지 말하고 있다. 야영, 즉 캠프라는 말은 '동지와 협동생활을 하는 일'이라는 뜻이며, 침식을 함께 하는 생활을 통해서 자기를 주시하고, 협조성·연대성·우정·책임·봉사 등을 배우며, 사물을 보는 방식 및 사고방식을 확립하는 것이다. 또한 대자연 속에서 천문·지형·동물·식물 등의 학습을 통하여 아름다움·위대함·엄숙함을 배우고, 여러 가지 야영기술을 구사해서 창조적 활동을 하며, 등산·수영·낚시 등 야외활동

에 의하여 몸을 단련한다. 또한 대자연 속에서 사람들끼리 서로 접촉하여 상호이해를 돈독히 하며, 나아가 사회성을 발전시키는 기회로 삼는 데에 야영의 뜻이 있다.

야외활동이란 자연자원을 이용하는 교육활동을 통하여 이를 애호·보존하는 것을 배우며 지적, 정조적(情調的), 보건체육적 및 레크리에이션적인 모든 야외활동에 의해서 창조성과 사회성을 기르고 또한 건강한 심신을 육성함으로서 교육효과를 얻고자하는 활동이라고 하겠다.

야외활동이란 인간이 고정된 삶의 터전에서 벗어나 이동이 자유로운 상태에서 자연환경을 벗하고 이용하면서 살아가는 삶의 형태라 할 수 있다. 들이나 산과 같이 자연을 벗삼아 야외에서 학술·취미·레크리에이션 등의 목적으로 실시되는 활동으로 대개는 풍요로운 자연환경 속에서 규율 있는 공동생활이나 야영·하이킹·사이클링·오리엔티어링·스키·스케이트·등산·수영 및 식물과 곤충의 채집, 농작업 등의 각종 활동을 집단으로 행하는 과정이다. 주로 청소년 대상으로 학교나 사회교육단체가 계획하여 실시한다. 임간학교(林間學校)나 임해학교(臨海學校)도 야외활동의 일종이다. 수학여행 일정 속에 야외활동을 계획하는 학교들도 늘어나고 있다. 야외활동에 의해 청소년의 심신을 단련시키고, 집단정신을 배양하는 등 많은 교육적 효과를 기대할 수 있다. 특히 도시화의 진전에 따라 도시에서 자연이 파괴되어 가는 사회현상을 고려하면, 청소년이 자연과 접하여 청신한 정신력을 기르도록 하는 것은 매우 뜻있는 일이다. 다만 야외활동에는 많은 위험이 따르므로, 적절한 사전계획과 지도자를 구하는 일은 빠뜨릴 수 없는 조건이다.

3) 야외활동의 가치

삶의 질을 높이려는 현대인들의 노력이 강화되고 있다. 경제발전 중심의 양적인 성장과 물질적 풍요가 중심이 되었던 기존의 삶의 형태에서 탈피하여 새로운 라이프스타일에 대한 욕구가 전반적으로 증대되고 있다. 보다 나은 삶을 누리기 위한 염원은 문화생활과 생활양식, 건강 등 생활 전반에서 변화를 구하는 것으로 나타나고 있으며, 최근 여행과 레저스포츠와 같은 자연과 교감하고 어우러지는 야외활동이 여가문화로 유행되고 있다. 실질소득이 향상되면서 행복한 삶을 위한 건강증진과 정신건강에 대한 관심은 기존의 여가문화에서보다 확장된 개념으로 새로운 레저문화를 형성하고 있다. 삼림욕장이나 명상의 숲과 오토캠핑장 등 자연을 벗삼아 여가활동과 정신수양을 하나로 연결하는 프로그램이 점차 확대되고 있다. 현대인들의 여가문화의 기호가 변화하고 있음을 알 수 있다. 이 같은 현상은 빽빽하게 밀집된 도시공간으로부터 벗어나 열린 환경에서 본질적인 인생의 의미와 가치를 찾기위한 현대사회를 살아가는 삶의 본질을 찾고자 하는 노력이다.

여가문화의 변화는 주 5일제 근무가 시행됨으로서 변화 패턴이 가속화되고 있다. 5일제 근무로 인한 여가시간의 증가로 인해 가족과 화합할 수 있는 시간이 늘어나게 되었고, 휴식과 오락이 선호되면서 야외활동이 생활의 활력으로서 매우 중요한 역할을 담당하고 있다. 주말에는 자신이 그동안 소홀히 했던 가족과의 유대를 강화하고 스트레스해소와 건강을 위한 운동과 신체활동 시간의 비중을 점차 높이고 있다. 가장 큰 변화는 여가문화가 과거의 인위적인 형식에서 탈피하여 자연환경과 함께하는 친환경 문화로 그 기호가 변화되고 있다는 것이다. 야외활동의 증가는 현대인의 가장 큰 문제인 운동부족, 욕구불반, 정신적 긴장 등 각박하고 박절한 생활에서 나타나는 심리상태에서 벗어나 안정되고 온전한 삶을 누리기위해 그 필요성이 높아지고 있다.

자유롭고 행복한 삶을 이어가기 위해서는 지식과 경험을 풍부하게 쌓을 수 있는 개방된 생활환경과 인간의 기본욕구가 인위적인 사회적 틀의 억압으로부터 해방되어 자유롭게 펼칠 수 있는 기회가 제공되어야 한다. 일상의 업무에서 벗어나 휴식과 사색 및 명상의 시간을 요구하는 것은 야외활동을 통해 기대할 수 있는 중요한 가치이다. 야외활동은 인간의 가장 원초적인 삶의 근원으로 돌아가 인간이란 무엇인가를 생각하게 하고 자연과 인간·인간과 인간의 존재근거를 생각해 볼 수 있는 시간을 자져 보는데 중요한 의미가 있다. 이를 통해 현대인들의 물질중심의 편향된 가치관과 음미하지 못하는 삶의 의미를 야외활동을 계기로 다시 한 번 생각할 수 있는 여유를 찾을 수 있다. 자연과의 조화는 현대인들이 상실한 본질적인 인간의 가치를 회복하기위한 교육이며 철학을 정립하는 시간으로 볼 수 있다. 구체적으로 자연과 조화됨으로서 회복해야 하는 인간적인 가치는 감성·직관·관계·자연환경·자아·인간을 올바르게 이해하는 것에 있다. 이성과 감성을 두루 함영한 대인(大人), 즉 완성된 사람이 되기 위한 선결 조건은 자연과 인간에 대한 올바른 이해로부터 시작될 수 있다는 점에서 야외활동의 가치가 매우 높다 하겠다.

(1) 감성의 발현

현대사회에서 교육의 목적은 이성중심의 인간을 기르는 것을 중심으로 이루어져 왔다. 지나친 이성교육은 인간의 삶을 계획적이고 고정된 틀 속에서 벗어나지 못하고 획일적인 삶의 틀을 형성하는 계기가 되었다. 이성중심의 사고는 도구적이고 계획된 형식의 획일화된 인간성을 최고의 가치로 여겨왔다. 기계적인 사고와 행동양식은 주체적이고 실존적인 삶의 형태에서 벗어남으로써 세상살이를 음미하지 못하게 되고 지나치게 획일화된 인간성 발현을 유발시키고 있다는 점에서 위계적 · 종속적인 인간관계를 그대로 수용하게 되는 원인이 된다. 이러한 고정된 삶의 틀은 자유롭고 완성된 인간문화의 성숙을 제한하게 됨으로써 인간의 자아실현 욕구를 성취하는데 장애가 될 수 있다. 따라서 지나친 이론중심, 이성중심의 교육으로부터 탈피하여 체험과 감성, 느낌이 중시되는 야외활동교육의 역할이 기대된다.

인간이 자연환경의 순환에 따르는 것은 가장 원초적인 감성의 발현이라 할 수 있다. 감성이 표현됨을 감정이라 하는데, 감정의 표현은 나 밖의 세계와 나를 소통시키는 연결고리이다. 감성의 발현은 인간과 자연 인간과 인간의 관계를 친근하게 할 수 있는 바탕으로서 감성이 마른다는 것은 곧 살아있는 생명체로서의 기능이 상실된다는 것을 의미한다. 감성의 발현은 생명력으로서 사랑의 원천이 된다. 감성을 발현하지 못하는 사람은 사람과 모든 자연물들을 아끼고 사랑할 수 있는 마음을 상실하게 되는 것이다. 현대인들은 이러한 감성의 발현을 적절하고 올바르게 표현하는 방법을 상실해가고 있다. 야외활동을 통한 자연환경과의 소통은 인간이 상실해가고 있는 감성을 회복케 함으로서 살아있는 생명으로서 육체적 · 정신적으로 온전한 인간상을 올바르게 정립할 수 있는 가치가 있다.

(2) 직관력 발달

판단 · 추리 등의 사유 작용을 거치지 않고 대상을 직접적으로 파악할 수 있는 능력을 직관력이라 말한다. 지성과 논리를 통한 분석과 판단이 아니라 직접 경험하고 체험함으로서 곧바로 실천할 수 있는 능력이다. 논리와 분석은 사물을 보는 관점이 추측과 계산에 의지하기 때문에 사실적으로 보기 어렵고 곧바로 실천하기가 어렵다. 반면 직관은 자신이 직접적으로 감지하고 경험한 것을 실천하는 지식이다. 직관은 자기 자신이 바로 대상이 되는 것으로 인간의 몸으로 자연을 직접 체험함으로써 이론적 지식이나 개념학습을 넘어 자연의 원리를 이해하고 이를 바탕으로 인간에 대해 이해할 수 있게 되는 것이다.

인간이 안다는 것은 자연과 사람을 안다는 것이다. 의식하지 않는 경험은 무의미할 뿐이다. 인간의 경험은 그 자체로 우리의 삶의 지혜가 되어 자연환경을 어떻게 순응하고 극복하며 이용해야 하는가를 배우는 과정이라 할 수 있다. 이러한 과정을 통해 인간은 세계와 인간에 대한 이해를 사실적으로 할 수 있게 된다. 직관적인 삶의 방식을 배운다는 것은 자연 속에서 자유와 즐거움과 기쁨을 만끽할 수 있는 환경을 제공받게 됨으로써 신체적인 활동을 넘어 정신적인 안정을 회복하게 되는 것이다.

직관력이 발달됨은 자연의 변화와 계절의 순행을 몸으로 체험하게 됨으로써 미래를 상상하고 예측할 줄 알며 희망적인 미래를 펼쳐나갈 수 있는 힘의 원천이 된다. 직관은 우리가 세상을 살아가는데 사실적이고 실용적인 지혜라 할 수 있으며, 직관력이 떨어지는 삶은 중요한 순간에 갈등하고 판단을 내리지 못해 남에게 의존할 수밖에 없기 때문에 삶이 주체적이지 못하게 된다. 직관을 통해 사물의 이치를 명확히 분별 할 수 있는 능력은 인간의 삶에 있어 매우 중요한 힘이다. 야외활동 중에 느끼고 경험하는 모든 지식은 우리의 몸으로서 체득되는 살아있는 지혜가 된다. 몸으로 체득된 지혜는 직관적인 앎이기에 고민하거나 갈등하지 않고 행동으로 옮겨져 실제생활에서 능동적으로 발현되는 것이다.

(3) 인간관계

다원화된 사회에서 현대인들은 바쁘게 살아간다. 이러한 현대인이 공통적으로 겪는 마음의 병은 "고독"이다. 현대인들은 분주하고 화려한 도심 속에서 살아가면서도 늘 '외롭다', '혼자이다', '의지할 곳이 없다', '믿을 사람이 없다', '쓸쓸하다' 등의 감정과 같이 고독을 불러일으키고 우울증과 자살로 이어지는 병리적인 현상을 보이고 있다. 이러한 현상은 현대인들 사이에 인간과 인간의 관계맺음이 피상적인 수준에서 머물고 있기 때문이다. 현대인들은 경제적인 여유와 이동수단의 발달, 전자통신기술의 진화로 사람들 간의 접촉이 양적으로는 증가하였음에도 더욱 고독하게 살아가게 되는 원인은 무엇일까? 문제의 해답은 간단하다. 그것은 본질적이고 순수한 인간관계를 맺지 못하는 것에 원인이 있다. 경쟁과 투쟁·빠름과 효율을 강조하는 사회구조에서 관용·화합 느림과 인정이라는 감성·감정은 메마를 수밖에 없는 현실구조이다. 인위적으로 조작된 인간관계만이 난무하는 사회풍토는 인간의 삶을 더욱 도구적이고 기능적인 형태로 변화시키고 있다. 도구적이고 기능적인 인간관계는 사람사이의 관계를 수단화시켜 순수하거나 인격적인 인간관계가 맺어지지 못하는 원인이다. 그러나 해결하고 극복하려는 노력은 미약하기만 하다.

자연환경과의 교감은 현대인의 인위적이고 기계화된 생활에서 벗어나 주체적이고 생동감 있는 삶의 원리를 깨닫게 함으로서 자연과 인간을 이해하고 나아가 인간과 인간의 관계맺음을 순화시킨다. 특히 계획적인 야외활동은 자율적이면서도 단체생활을 경험함으로서 전체 속에서 개인의 능력을 발휘해 보고, 새로운 환경에서 생활함으로서 자기 스스로를 객관적인 시각과 다양한 관점으로 사물을 이해할 수 있는 좋은 체험이다.

(4) 자연환경 이해

흔히 현대사회를 혼란의 시대, 위기의 시대라고 말한다. 혼란한 시대라는 표현은 도덕과 윤리적인 진리관이 모호해지고 있는 현시대의 인간사회의 질서관이 흔들리고 있음을 상징한 것이라면, 위기의 시대는 인류가 성장과 개발의 명분으로 자연환경을 훼손하고 파괴하는 가운데 생태계가 파괴되고 자연환경의 훼손이 위험수위를 넘어서고 있음을 경고하고 있는 뜻이라 이해할 수 있다. 인류에게 위기의 시대를 일으킨 원인은 명백히 드러나고 있다. 일부 선진국의 풍요로움의 그늘 뒤에는 가뭄과 홍수의 자연재해로 기근에 허덕이는 사람들과 질병과 굶주림에 멸종되어가는 동·식물이 있다. 이와 같은 사실은 현시대를 살아가는 인간들의 생명관이 모순되었음을 알 수 있다. 형식적으로 내세우는 환경운동은 행동으로 이어질 수 없으며 각국마다 얽혀진 경제발전을 통한 부국강병의 명분은 전시적인 효과만을 끊임없이 되풀이한다. 이러한 세계관의 보편화는 인간의 이기심을 정당화시키는 것이 도리를 넘어서고 있다는 것을 반증하고 있으며, 이것이 현시대 문명인이라 자처하는 인간들의 자화상이다. 인간 누구나 자연의 품을 떠나 살 수 없음을 인지하는 것은 본능이라 할 때 인간이 자연을 훼손하고 파괴하는 행위는 자연과 인간에 대한 이해를 교육받지 못하였기 때문이 아니라 체험과 실천과정이 결여된 결과이다. 이는 곧 행동하는 교육을 받지 못했기 때문이다. 자연환경 훼손과 파괴의 주범인 인간들은 풍요롭고 아늑한 자연의 품을 그리워하고 다시 찾아가는 것은 이기적인 인간들의 또 다른 자연착취욕의 발현일지도 모른다. 자연현상에 대한 신비감을 인간 누구나가 음미해 보고자하는 욕구가 있다. 오묘한 자연의 변화는 인간의 마음을 감동시키고 사람들은 때로는 일상에서 벗어나 자연으로의 여행을 시도한다. 인간존재가 자연물과 다른 점은 무엇이고, 동질적인 면은 무엇인가를 자연과의 교감을 통해 이해해야한다. 이를 통해 인간존재의 본질과 인간이 추구해야할 가치설정에 있어 가장 바람직하고 이상적인 인간다운 위계를 설정할 수 있을 것이다. 직접 자연을 체험하고 그 속에서 호흡함으로서 자연에 대한 기존관념에서 벗어나 새로운 관점으로 우리를 눈뜨게 한다. 따라서 야외활동을 통한 교육은 인간과 자연환경에 대한 올바른 이해를 위해 자연을 체험과 교감을 통해 몸으로 체득할 수 있는 중요한 가치가 있는 것이다.

(5) 자아실현

자아실현이란 "자기가 본래 가지고 있던 참(진실된 것)의 절대적인 자아(본성의 나)를 완전히 실현하는 일"이다. 인간이 본래 가지고 있던 참의 절대적인 자아란 무엇을 말하는 것인가? 인간의 삶의 의지는 형이상의 天理(하늘의 이치/자연의 이치/신)에서 비롯된 것으로 인간의 삶은 모든 자연만물과 더불어 선한 존재가 될 수 있는 것이다. 선한 존재로서 인간은 하늘로부터 부여 받은 본성(本性)을 잃지 않는 온전한 인간이 되어야 한다는 존재질서를 합리적으로 일깨워야 한다. 맹자는 인간이 선한 존재라고 하면서 네 가지 실마리, 즉 사단(四端)이 있어 인간이 선한 존재가 된다고 하였다. 인간을 선한 존재라고 가정할 때 참의 절대적인 자아란 올바르고 진실된 선한 인간을 말하는 것이 된다. 자아실현은 하늘이 부여한 선한 존재로서의 나를 실제로 드러나게 하는 본질적이고 사실적인 자신의 모습을 찾는다.

야외활동은 자연을 따르는 가운데 자연의 이치를 이해하고 나아가 사물과 사람을 이해하게 되는 과정이다. 사람과 어우러지는 가운데 협력과 공동생활을 하게 됨으로써 자기를 발견하게 된다. 또한 자연의 열린 환경에서 야영생활을 통해 자신이 직접 몸으로 체험하고 실천함으로써 자기의 체력과 정신력의 한계를 가늠해보고 시험하게 된다. 부딪치는 사태를 해결하고자 노력하는 가운데 자신의 장단점을 발견하고 반성과 성찰을 통해 자아를 발견하게 된다. 이 모든 과정은 자연만물의 생육과 조화원리를 알아감으로써 성실(誠實)하고 선(善)한 자연이 인간의 삶을 풍요롭게 해주는 원리를 이해하고 본받아 그러한 성선(誠善)을 발휘할 수 있는 내면의식을 발현함으로서 자아실현을 완성할 수 있는 것이다.

이처럼 야외활동을 통해 인간 내부에 있는 성장욕과 지식추구욕을 북돋아 주고, 화려하게 드러난 것에 가려진 내면의 참자아가 본질적인 욕구를 실현할 수 있는 조건을 조성해 주는 중요한 교육과정이다. 자연과의 교감을 통해 통속적이고 세속적인 삶에서 도덕성과 윤리의식이 살아있는 사람으로 거듭나게 됨으로서 인간다운 삶이 무엇인가를 일깨우는 것이다. 이처럼 자연과의 교감은 스스로 사고하고 생동감 넘치는 활동내용을 통해 자아실현에 기여한다.

2. 야외활동의 교육적 의의

야외활동은 교육적으로 무궁한 가능성과 가치를 내포하고 있다. 야외교육은 청소년들의 특성, 흥미, 욕구를 자연에서 모험으로 충족시킬 있으며, 청소년들을 훈련시킬 수 있는 좋은 수단임과 동시에 전인교육으로도 가장 근본적이면서도 효율적인 가치를 지니고 있다.

교육의 신뢰가 무너지고 있는 현대사회에서 자연과 인간을 올바르게 이해하는 것은 가장 기본적이고 올바른 인간지식의 습득이라 할 수 있다. 기계화되고 형식화된 인간문화에 대한 지식을 정립하기 위한 본질적이면서 합리적인 방법은 자연을 관찰하고 자연이 제시한 길을 따라 살아가는 원리를 터득하는 것이다. 루소는 교육의 본질이 교사나 문명의 지배와 간섭을 최소화하여 모든 억압과 예속으로부터 인간의 본성을 지키고, 정신적 자유를 증진시키는 방향으로 나아가야 한다고 주장했다. 이러한 의미에서 참된 인간의 조건의 기대는 자연과 분리되지 않는 교육철학의 정립을 통해 가능할 것이다. 따라서 야외활동을 통한 교육의 가치는 인간다움을 실현하는 가장 근본적인 이해라는 점에서 인간답게 사는 법을 배우는 필수 과정이라 할 수 있다.

야외교육이란 말을 1948년 미국의 교육관계의 제 단체가 학생에 대하여 야외의 교육경험을 갖게 하기 위해 캠프를 실시할 것을 결의하고부터 야외교육이란 말을 일반적으로 사용하게 되었다. 야외교육과 야외활동을 혼동하는 경우도 있으나 야외활동은 야외교육의 수단이고 소재이다. 즉 야외교육은 교육의 목적을 달성하기 위해 그와 같은 활동을 행하는 것으로 이해할 수 있다. 그러나 개념상 교육적인 목적의 행위를 중심으로 범위를 한정했을 때 그러한 것이지 실재로는 야외활동이 야외교육보다 광의적인 개념이라 할 수 있다. 이러한 논리는 마치 체육과 스포츠와의 관계와 유사하다. 최초에 스포츠는 체육의 하위개념으로써 체육의 목적 실현을 위해 재미와 관심을 이끌어내는 요소였으나 현재는 체육보다 스포츠라는 용어가 광범위하게 쓰이고 신체활동의 본질적인 개념을 변화시키고 있다는 점에서 유사한 변화과정을 겪고 있다.

야외교육을 광의적으로 해석하면 야외에서 행하는 모든 활동을 지도하는 것으로 생각되나 일반적인 의미에서는 야외활동 형식의 정리된 스포츠나 특정의 연구조사 등은 포함되지 않는다. 주로 자연을 이용해서 광대한 야외에서 행하는 레크리에이션적인 활동을 지칭하는 것이라 할 수 있다.

궁극적으로 야외활동은 공동생활에 따른 개성의 발전과 인간관계에서 오는 성격교육, 사회성, 자연현상의 이해와 자연의 애호보존, 도덕교육이나 사회봉사적 정신의 함양, 예술적인 정서교육, 심신을 건전하게 발달하도록 기획하고, 근로정신과 그의 실천력을 기르는 데 그 의의가 있다. 기계화되고 산업화된 기능중심의 사회로 변화 되더라도 개인의 인격과 인간의 정서를 잃지 않는다면 인간다움의 생명력이 발휘될 수 있을 것이다. 야외활동은 오늘날 교육기관에서 소외된 교육기능을 자연환경 속에서 실현시켜주며 보다 완성된 인간교육을 위한 최선의 노력이라 할 수 있다.

야외교육의 목적을 구체적으로 살펴보면

① 정서적으로 안정된 사람

② 도덕적으로 성숙한 사람

③ 지적으로 성숙하며 계속적인 자기개발과 창조 능력을 지닌 사람

④ 자기의 적성과 능력에 맞는 직업을 선택하여 자기가 맡은 일에서 최선을 다하고 결과에 만족할 줄 아는 사람

⑤ 자아실현을 위해 노력하고 정체성을 확립할 수 있는 사람

⑥ 자연을 통해 심미적인 가치를 배우고 지속시킬 수 있는 사람

⑦ 미래에 열려있고 예측할 줄 알며 희망을 꿈꾸는 사람

⑧ 지혜롭게 인간행동을 정확히 이해하고 타인의 성장발달을 도울 수 있는 사람

⑨ 인간과 자연을 이해하고 인류애를 발현할 수 있는 사람

⑩ 신체적 사회적 정신적 영적 모든 측면에서 건강한 사람

⑪ 호연지기를 길러 인간의 도리를 실천할 수 있는 사람

3. 야외활동의 유형과 내용

야외 활동이란 일상적인 생활로부터 벗어나 자연을 체험하며 교감하는 것을 말한다. 열린 기후환경과 지리적 장소에서 가능한 한 자연과 가까이 하고, 자연과 친화하면서 자연 속에서 생활하는 것으로써 야외에서 이루어지는 일련의 모든 활동들을 말한다. 야외활동은 자연환경 속에서 전개되는 모든 활동 가운데 비교적 신체적 운동을 중심으로 이루어지는 스포츠, 하이킹, 캠프, 등산, 오리엔티어링, 낚시, 래프팅 등의 레크리에이션과 같이 활동 그 자체를 즐기고자 하는 것에 중점을 두고 있다.

1) 야영(Camp)

야영활동을 의미하는 캠프(Camp)의 어원은 라틴어의 '평야', '평원', '들'이라는 뜻의 '캄푸스(campus)'와 희랍어의 '정원'이라는 뜻의 '케포스($\kappa \tilde{\eta} \pi o s$)'에서 유래되었다고 한

다. 일반 영어사전을 찾아보면 캠프는 첫째, 명사로서 ① 군대의 야영지, 군대나 보이스카우트 또는 여행자들의 임시막사 ② 산장(주로 미국의 경우) ③ 군대생활, 천막생활이라고 풀이하고 있으며, 둘째 동사로서 '천막을 치다', '야영을 하다', '야영을 시키다' 등으로 사용되고 있다. 이런 의미에서 야영활동의 일반적 개념은 '야외(자연환경)에서 지도자와 청소년이 집단을 활용한 친밀한 만남과 다양한 경험을 통해 사회적, 심리적, 신체적으로 조화로운 성장을 이루도록 돕는 활동'이라고 볼 수 있다.

프랭크 어윈(Frank L. Irwin)은 야영활동을 '야외환경에서 이루어지는 교육적인 시도로서 캠퍼들로 하여금 집단상황에서 살고 일하고, 놀 수 있는 방법을 가르치는 기회이며, 인간생활의 기본적인 과정들에 대한 통찰력과 경험을 제공하는 활동'이라고 정의하였으며, 미국캠핑협회(American Camping Association)는 '야외의 풍족한 환경을 이용하여 인간의 신체적, 지적, 정서적 또는 영적 성장을 위하여 유능한 지도자의 지도하에서 협동적인 공동생활을 하는 창조적이며 교육적인 생활경험'이라고 정의한 바 있다. 야영활동의 개념에 대한 보다 정확한 이해는 야영활동의 목적 분석을 통해서도 가능하다. 물론 야영활동의 목적은 그 대상과 내용에 따라서 달라질 수 있겠으나 대표적으로 미국야영위원회에서 공인된 야외활동의 목적은 다음과 같다.

① 자연생활에 적응하는 능력에 의해 일상생활에 필요한 기술을 습득한다.
② 건강한 체력 양성과 인격을 수양한다.
③ 자연 속에서의 단순한 생활에서 창조력을 배양한다.
④ 여가를 건전하고 즐겁게 이용할 수 있다.

이처럼 야영은 인격형성 측면에서 교육적가치가 매우 중요한 실천적 학습이다. 인간이 자연으로부터 독립된 존재가 아닌 자연과 하나로 연결된 유기체적인 삶의 체계를 올바르게 인식할 수 있는 가장 궁극적인 인간교육이라 할 수 있다. 인간의 자기인식의 가장 근원적이고 선행적인 앎의 추구는 자연과 인간이 통일된 일체라는 것을 바르게 정립하는 것에 궁극적인 목적이 있는 것이다.

2) 등산(Mountaineering)

　우리나라는 지형적으로 야영에 적당한 지역에는 산이 있어 등산과 하이킹을 함께 즐길 수 있는 여건을 갖추고 있다. 이러한 자연조건에 있기 때문에 야외활동 중에 다양한 내용을 실시할 수 있다는 장점이 있다.

　등산은 야외활동 중에서 가장 일반적이고 보편적인 활동으로 많은 사람들이 참여하는 행위이다. 등산(登山)이란 말 그대로 산에 오르는 것을 말한다. 등산은 등반(登攀)이라고도 하며, 등산기술이란 산에 잘 올라가는 기술이다. 그러나 무조건 산에 잘 오르는 행위를 등산이라 하기에는 다변화된 현대적인 등산의 의미로는 부족하다. 인간이 산을 오르는 이유에는 여러 가지 목적이 있다. 먼저 포수나 나무꾼 그리고 약초 캐는 사람들은 생계를 위해 산을 오르고 있으며, 산을 수양과 순례의 도장으로 생각하여 정신과 영적인 안정을 찾기 위해 오르는 사람도 있다. 그런가 하면 전쟁준비와 예방을 위한 군사훈련을 목적으로 군인들은 산에 오르고, 학자들은 산에서 동·식물과 지질 및 지형을 연구하기 위해 산에 오르는 경우이다. 여가생활을 즐기기 위해 휴일마다 친지나 가족들과 유람관광을 목적으로 산을 오르기도 한다. 또한 사진이나 그림 등 예술적 소재를 찾기 위해 산에 오르기도 하고, 도시생활의 혼잡함을 피해 정서적인 안정을 찾기 위해 산을 찾기도 한다. 마지막으로 험한 자연조건의 위험을 극복하며 인내와 극기심을 함양하기 위해 산을 찾는 경우도 있다. 이처럼 사람들이 등산을 하는 동기는 다양하게 나타나는데, 현대적인 개념으로 등산의 의미는 산에 오르는 과정을 통해 자신의 한계를 시험하고 미지의 환경과 높은 산으로 향해나가는 산악운동을 등산이라 표현할 수 있다. 이는 곧 등산자체가 어떠한 결과물을 얻기 위한 공리적인 목적의식이 없는 행위이며, 그 과정자체를 통해 즐거움과 참맛을 느끼는 것이 등산의 동기이며 결과가 되는 것이다.

　최근 국립공원에 설치된 케이블카를 타고 산을 오르는 경우 산을 오르는 과정에서의 느낄 수 있는 자기극복의 맛과 멋이 결여되고 있다. 기구를 이용해 정상에 오르는 것은 우리가 등산을 통해 성취하고자 하는 등산의 의미와 가치가 상실된다는 점에서 바람직한 등산이 될 수 없는 것이다. 이처럼 자기극복의 시련과 고난의 과정을 거치지 않은 행위는 등산이 될 수 없는 단순한 레저활동이기 때문에 등산의 의미와 가치는 더욱 명확해지는 것이다.

　참된 등산은 산에 오르는 과정 그 자체에 목적이 있으며, 산을 올라가는 것을 즐겨하고 여타의 목적으로 산에 오르는 행위를 수단화시키지 않아야 한다. 정신적, 육체적인 면에서 통일된 심신을 맛보기 위한 행위로서 등산은 청소년은 물론 사회구성원들의 인격도야와 심신수련에 있어 매우 중요한 야외활동이라 할 수 있다.

결국 인간은 산을 통해 성대하게 흐르는 참되고 거짓 없는 진실한 세상의 기운을 몸에 함영하고 자연의 이치를 깨달아 인간의 도리를 몸으로 익혀 실천할 수 있는 온전한 인간을 기대할 수 있다.

3) 하이킹(Hiking)

하이킹(Hiking)은 도보로 산책을 하는 것으로 곧 걸어 다니는 여행을 말한다. '즐겁게 걷는다'는 뜻으로 계절이나 기후에 관계없이 하루 혹은 장시간을 걸어서 여행하는 것을 말한다. 하이킹은 최근 유행하고 있는 운동으로 많은 사람들이 가까운 공원이나 근교 산을 이용하여 활발하게 참여하고 특히 고수부지를 이용하여 활발하게 실천하고 있는 생활체육이다. 하이킹의 장소가 대부분 산이기 때문에 일반적으로 가벼운 등산과 구별이 쉽지 않다. 체력을 증진하고 도시의 공해를 피하며 신선한 자연 속에서 밝은 햇빛과 맑은 공기를 마시면서 기계문명에 압도당한 생활에서 벗어나 생명의 활력과 성대하고 유유히 흐르는 자유를 맛볼 수 있는 자연친화적인 신체활동이다. 또한 특별한 시설이나 장비가 필요하지 않아 준비시간이 소요되지 않고 경제적으로도 소비를 최소화 할 수 있는 점에서 많은 사람들이 쉽게 참여할 수 있다는 장점이 있다.

영국에서는 18세기 무렵 워킹과 같은 뜻으로 사용했으나 19세기 후반부터는 워킹레이스 경보가 흔해졌기 때문에 워킹과 하이킹을 다른 뜻으로 해석하여 일상생활에서 벗어나 교외 산보, 가벼운 등산까지를 하이킹이라 하였다. 하이킹은 기분을 푸는 느슨한 오락의 일종으로서 훈련 등을 하지 않는다. 종류를 나누면 가벼운 등산, 공원 산책, 해안산책 등으로 널리 생각할 수 있으나, 산이 많은 곳에서는 가벼운 등산이 중심이 된다. 가벼운 등산이란 스포츠 등산과 달라 특히 피켈, 아이젠, 자일 등 등산용구를 사용하지 않고, 적설기(積雪期)와 같은 악조건을 피하는 것을 말한다. 근래에는 반더포겔(Wandervogel)이라고도 하는데, 집단으로 산야를 도보로 여행하는 것으로 생각하는 경우도 있다. 하이킹은 야외에서 활동하므로 자연의 변화, 특히 기상변화에 대해 충분한 주의가 필요하며 동시에 지도를 숙독하고 신중한 계획과 준비를 한다. 하이킹을 통해 개척의 힘과 강한 정신력을 기르고, 신체를 단련함으로써 고통을 인내하여 의지력을 키운다. 그리고 울창한 숲과 계곡을 가로지르며 강과 호수를 답사하는 동안 자연의 질서를 배우고 애향심과 애국심을 배운다.

원칙적으로는 등산수칙과 같다고 할 수 있다. 걷는 방법도 처음 20분 정도 걸었으면 한 번 쉬고, 그 뒤는 자신의 걷기 쉬운 대로 걸어도 된다.

하이킹의 활동의 유형에 따라 들이나 호수, 숲, 늪 등의 환경을 답사하여 그 생태를 조사, 기록, 관찰, 비교, 수집, 촬영하는 자연연구 하이킹, 늦은 오후나 저녁에 실시하여 별, 은하수를 관찰할 수 있는 야간 하이킹, 추리력과 관찰력, 창의성을 길러주는 보물찾기 하이킹, 하나의 취사도구 또는 음식재료를 준비해서 정해진 목적지에 도착해 취사행위를 하는 원시취사 하이킹, 길과 상관없이 무조건 직선으로 모든 장애물을 헤쳐가면서 횡단하는 직선 하이킹, 팀을 나누어 각각 다른 길로 갔다가 정한 시간에 일정한 장소에서 만나는 모험 하이킹, 한두 사람을 먼저 앞서 보내고 뒤에 오는 참가자가 흔적을 더듬으며 추적하는 추적 하이킹 등 다양한 방식으로 시행되고 있다.

4) 오리엔티어링(Orienteering)

오리엔티어링은 방향·방각을 정한다는 뜻인 라틴어의 'oriens'로서 동양이란 말에서 비롯되었다. 영어로는 'orienteering'이라고 하고 한국에서는 발음에 의한 표기로 오리엔티어링이라고 말한다. 공식 용어로는 독일의 Orientierung Lauf(방향을 정하여 달린다)라는 용어가 1961년 국제오리엔티어링연맹(IOF:International Orienteering Federation)에서 채택되었고, 그 머리말을 따라서 O·L이라 칭한다. 1918년 스웨덴의 청소년 지도자 에른스트 킬란더(Ernst Killander) 소령에 의해 당시 군에서 장교 훈련에 사용되어 온 지도와 나침반을 청소년들에게 주고 삼림지역을 무대로 목표지점을 찾아오게 한 것에서 비롯되었다.

오리엔티어링은 지도와 나침반을 가지고 지도상에 표시된 미지의 산야지역에 표시된 일련의 지점을 가장 짧은 시간 내에 정확히 찾아가는 경기로서, 미지의 지형에서 방향결정기술과 활력 있는 체력에 의하여 어떠한 상황 속에서도 주어진 과제를 수행하는 능력을 배양하는 것을 목적으로 한다.

오리엔티어링의 경기형식은 포인트 오리엔티어링, 스코어 오리엔티어링, 라인 오리엔티어링 등의 경기형식이 있으며, 기본 형식을 응용한 다양한 형태의 경기방식으로 발전되고 있다.

오리엔티어링은 다음과 같은 교육적인 효과가 있다.

① 지도읽기, 나침반 사용법등의 지식을 배운다.

② 자연과 가까이 하게 됨으로서 자연환경을 이해하고 세상의 큰 기운을 느낀다.

③ 체력을 향상시켜 신체적인 건강을 증진시키고, 판단력과 의지력, 정신력을 강화하여 정신건강을 건전하게 증진시킨다.

④ 구성원간의 협조하여 과제를 수행함으로서 공동체의식을 발현하여 사회성을 향상시킨다.

야외 활동은 다양하게 전개될 수 있다. 이 밖에 여러 야외활동을 분야별로 정리해 보면 다음과 같이 나열할 수 있다.

① 캠프 활동 (스키, 수영, 초중고 캠프, 수련회)

② 수상 활동 (카누, 요트, 윈드서핑, 스킨스쿠버)

③ 스포츠 활동 (각종 구기 종목과 개인 종목)

④ 기타 활동으로 암벽등반, 낚시, 승마, 레프팅, 극기훈련 등의 활동이 있다. 야외활동은 광범위함과 아울러 지도자의 전문적인 지식을 필요로 한다.

4. 야외활동계획

야외활동계획에서 반드시 필요한 사항은 ① 어디로 갈 것인가의 장소와 조건문제 ② 언제 실시할 것인가의 시기문제 ③ 무엇을 가지고 갈 것인가의 장비문제 ④ 어떻게 할 것인가의 야영방법문제 ⑤ 무엇을 할 것인가의 목표와 내용문제 ⑥ 누가 무슨 일을 맡을 것인가의 임무분담문제 등이 있다.

1) 야외활동의 목적

야외활동은 실내공간에서 이루어지는 정적이고 개념적인 학습에서 벗어나 대자연속에서 직접생활을 체험하는 것이다. 현대인들은 도심화 된 생활 속에서 인간성을 상실해가고 있다는 문제는 과학화시대에 인간에게 대두되고 있는 심각한 문제가 아닐 수 없다. 따라서 야외활동에서 가장 전제된 목적은 자연과 인간에 대한 이해를 보다 실재적으로 경험함으로서 세상에 대한 견문을 넓히고 보편적인 세계에 대해 이해하고자 하는 것이다. 이를 바탕으로 지혜를 발현하여 슬기로운 삶의 틀을 구성하고 개인의 자연관과 가치관을 올바르게 정립할 수 있는 교육기회가 제공되는 것이다. 특히 어린이와 청소년 시절에 경험하게 되는 야외활동의 의미는 개인이 세상을 인식하고 받아들이는데 매우 중요한 기회를 제공한다는 점에서 신중하고 이상적인 내용이 요구된다. 특히 학생들을 대상으로 할 경우 내부에서 발현되는 성장욕과 새로운 지식 추구욕을 만족시키고 마음 깊은 곳에 잠재되어 있는 자아 욕구가 실현되도록 조건을 조성해 주어야 한다.

야영은 목적에 따라 교육야영·훈련야영·레크리에이션야영 등으로 나뉘며, 기간에 따라 장기·단기야영, 일일캠프, 주말캠프가 있고, 장소에 따라 주둔야영, 이동야영, 규모에 따라 소집단야영, 합동야영, 국제야영, 대상에 따라 유아야영, 어린이야영·청소년야영·가족야영, 성인야영 등이 있으며, 주최기관에 따라서는 학교야영, 서클야영, 교회야영, 이동수단에 따라 도보여행야영, 사이클링야영, 드라이브야영, 등산야영 등으로 나눌 수 있다.

2) 야영지선정

장소의 선정은 야외활동의 성과에 중대한 영향을 미치므로 야영의 목적에 맞는 곳을 선택하고 미리 사전답사 등을 통해 신중히 결정하여야 한다. 국립공원이나 수련원, 야영장, 기타사설영업장의 위치, 이용 가능시설, 그리고 주변 환경여건을 충분히 검토하여 활동목적과의 관계를 사전에 충분히 검토할 수 있어야 한다.

일반적으로 적합한 야영장의 조건은 첫째, 인공적인 소음발생이 없는 곳으로 도심으로부터 격리된 자연을 유지하고 있는 지리조건이 조성된 곳이 좋다. 둘째, 폭우나 폭설 등의 자연재해의 위험으로부터 영향을 최소화시킬 수 있어야 하고, 혹 자연재해가 있을시 대피장소가 확보되는 곳이 좋다. 셋째, 음용수로서 적합한 음료수가 확보되어야 한다. 넷째, 계절에 따라서는 뱀이나 독충 모기나 파리 등 유해한 동물이나 곤충의 위험을 최소화 할 수 있는 곳이 좋다. 다섯째, 야외활동 중 응급상황 발생 시 구급시설 이용이 신속하고 효과적으로 이루어져야 한다. 여섯째, 하이킹, 등산, 수상활동, 동·식물의 관찰 등 레저시설과 교육활동이 용이하게 이루어질 수 있는 곳이 좋다.

대부분 야외활동 장소는 기본적으로 이상과 같은 환경을 선택하는 것이 바람직하며, 그 밖에 참여자의 연령이나 소속에 따라 여러 가지 특수한 조건을 고려한다면 야외활동의 장소선정을 보다 합리적이고 실용적인 측면에서 선택할 수 있다는 장점이 있을 것이다.

3) 야외활동기일, 시간의 결정

야외활동은 자연환경의 변화에 따라 많은 영향을 받을 수밖에 없다는 점에서 계절상황을 고려해야 하며, 장마철이나 태풍을 비롯한 갑작스러운 날씨의 변화도 고려할 필요가 있다. 이처럼 기후변화의 조건을 고려하여 날짜를 잘 정하는 것은 야외활동의 성패에 가장 중요한 요인이 된다. 여름철의 경우 장마철이 지난 다음의 7월 말경부터 8월 중순까지가 적당하며, 그 밖의 계절에는 주말이나 공휴일을 가급적 피하는 것이 좋다. 대개 주말이나 공휴일에는 많은 사람들이 일정한 장소로 몰려드는 경향이 있어 야외활동의 계획과 운영에 용이하지 못할 수도 있다. 뿐만 아니라 지나치게 많은 사람들이 모여 혼잡한 상황이 될 경우 심신이 더욱 피로해져 야외활동의 효과가 부정적으로 나타날 수도 있다.

4) 야영에 있어서의 활동

야영생활 계획은 구성원들의 특성에 맞게 사전에 검토되고 결정되어야 한다. 구성원들의 특성과 활동목적에 맞게 필요한 장비와 비품을 미리 준비해야 한다. 또한 야영생활은 일상생활과는 전혀 다른 생활 양식을 경험하게 됨으로 참가자 자신이 현지에서의 생활양식이나 진행에 대해 충분히 알 수 있도록 지도한다. 구체적인 야외활동은 야외활동의 목적에 맞는 프로그램을 계획하여 구성원들의 특성에 맞게 기획하여 실행한다.

5. 야외활동의 준비

1) 조직의 구성

효과적인 야영생활을 위해서 작업을 분리하고 세분화시켜 책임의식을 고취시키고 사명감을 갖게 한다. 참여자들이 주체의식을 갖고 적극적으로 야외활동 참여하고 스스로 문제를 해결하고 극복하게 한다.

(1) 급식 담당

참여자들의 에너지원을 확보하고 건강을 유지하기 위한 메뉴(Menu)작성, 식량의 주문, 재료의 준비, 조리 등 취사 관계자가 중심이 되어 계획 실시한다.

(2) 보건 · 안전 담당

환경변화에 따라 신체의 컨디션에 변화가 생기는 경우가 많고 또 불의의 사고가 발생할 것도 예측하지 않으면 안 된다. 참여자가 많을 때에는 의사의 동반이 바람직하며 소수의 단기간의 경우라도 양호교사 또는 간호원의 동반은 필요하다. 보건 · 안전담당은 참가자의 건강에 유의함은 물론 야영지(Camp Site)의 안전관리, 취사장 · 화장실의 위생관리, 상처의 구급처치, 약품의 휴대 등 의료시설과의 연결방법 등에 책임을 진다.

(3) 레크리에이션 담당

전야제, 모닥불놀이의 계획과 실시, 기타 행사에 있어서의 레크리에이션의 활동과 추진한다. 레크리에이션담당은 즐거운 분위기를 만들고 인간관계를 돈독히 하고 유지시키는 야외활동 생활 중 중요한 역할을 담당한다. 사전에 게임 등에 대한 계획과 준비, 연출물의 기획 또는 우천 시를 대비하여 천막 속에서 레크리에이션 생활의 계획과 지도를 준비한다.

(4) 설영 담당

설영은 말 그대로 야영생활에 필요한 제반시설을 설치하는 일이다. 천막치기, 배수구파기, 취사장 만들기, 간이화장실 설치 등의 임무에 해당된다. 설영담당은 힘든일을 주로하기 때문에 체력이 좋은 구성원 위주로 담당자를 선정하는 것이 좋다.

설영은 적어도 일몰 3시간 전에 이루어 져야 한다. 장소선택을 먼저하고 어떤 위치나 형태로 텐트를 칠 것인가를 미리 계획하고 실시한다. 텐트치는 장소, 취사장소, 물을 이용하는 장소, 화장실과 오물 처리장을 파악한 후에 설영을 시작한다. 먼저 텐트 치는 장소는 비가 와도 배수가 잘 되고 지면이 평탄하고 안전한 장소를 택하고, 특히 통풍과 풍향의 영향을 고려해야 한다.

2) 학생 조직

야외생활중 학생을 대표할 수 있는 총무단(학생 대표단)을 구성하여 야영생활의 운영에 대해 책임감을 부여함으로서 자율적이고 주체적인 야외활동을 이끌어 갈 수 있게 한다. 교사들은 학생들의 관리능력 또는 자치능력의 향상, 발전을 위해 야영생활에서의 긴급을 요하는 사안을 제외한 대부분의 문제들을 총무단에 위임하는 것이 바람직하다. 총무단의 구성은 모든 야영생활에서 학생을 대표하는 최고의 책임자인 야영장과 야영장을 보좌하는 부야영장 2명, 기록을 관장하는 서기, 그 밖에 각 조직을 담당하는 급식, 보건·안전, 레크리에이션, 설영 담당으로 총무단을 구성한다.

학급단위로 6~7명 정도를 1개반으로 편성한다. 야영생활에서의 기초단위이므로 반원들간의 상호 소속감과 친근감을 빠르게 익히도록 한다. 조원들의 구성은 평소에 가까운 친구들끼리 편성하기보다는 새로운 친구들과 적응할 수 있도록 편성하는 것이 바람직하다. 야외활동을 통해 새로운 지식과 식견 그리고 새로운 안목과 관점을 가진 다양한 친구들을 사귈 수 있는 기회가 되도록 하기 위한 배려이다. 또한 어떠한 사람과도 조직적인 생활을 할 수 있는 능력을 높이기 위한 교육상의 목적임을 인지시켜 불평이 없도록 지도한다.

각 조별로 조장과 부조장을 자율적으로 선출하여 야영생활의 원활한 진행을 위해 조원들의 대표자로서의 역할은 물론이고 중간전달자로서 논의된 사항을 수렴하여 조원들간에 불신을 없게 하고 문제가 있을 경우 교사들과 소통하여 해결할 수 있는 역할을 한다.

총무단 조직은 야외활동의 참가자의 규모와 특성에 따라 그 조직의 편성을 합리적으로 구성하는 것이 바람직하며, 자칫 자율성과 자유성을 침해할 수 있다는 점에서 야외활동의 목적과 내용 그리고 성격에서 벗어나지 않아야 한다. 지나친 간섭과 위계질서는 모처럼 얻은 야외활동의 자유를 억압할 수도 있다는 점에서 합리적으로 운영되어야 한다. 야외활동의 참맛과 멋은 일상적이고 세속적인 생활에서 벗어나 자연 속에서 자유롭고 호연한 자유를 만끽하는데 중요한 의미가 있기 때문이다.

3) 교사의 조직

야외활동은 자유감과 주체적인 생활태도를 배울 수 있는 중요한 학습기회로써 참가자들은 자신들이 자체적으로 체계화시킨 조직의 원리에 따라 운영되지만 야영생활 전반의 진행, 공동생활에서 생기는 모든 문제의 지도, 생활규칙에 대한 문제 등의 지도는 교사들의 임무가 된다. 따라서 각 담당에 대한 지도에는 교사도 각각 경험이 풍부한 교사를 선정해서 교육하도록 해야 할 것이다.

야영 전체가 조직적이며 집단적인 성격으로 운영된다는 점에서 교사자신도 그러한 원리를 존중하고 야외활동의 전체적인 틀에서 벗어나지 않아야 함은 물론이다.

4) 사전준비

(1) 전체준비

① 조 편성

② 조별 조장 · 부조장선출, 조별 명단 작성 및 명찰준비, 조이름, 조기(組旗), 조구호 정하기

③ 식단작성 : 일일 열량 2,300~2,500Cal기준

④ 레크리에이션 계획

⑤ 개인 일지 및 조별 일지

(2) 조별준비

① 식재료 및 비상식품

② 조별 레크리에이션 지도 계획서

③ 돗자리, 비닐, 매트리스(바닥용)

④ 취사도구(버너, 코펠), 연료, 칼, 도마, 수통

⑤ 건전지, 손전등, 라이터(성냥)

⑥ 비상약 및 모기약

⑦ 쓰레기처리용 비닐

(3) 개인준비물

① 취사도구: 밥그릇, 국그릇, 수저, 물컵

② 세면도구: 비누, 수건, 치약, 칫솔, 빗, 휴지, 손톱깍기, 실, 바늘 등

③ 필기도구

④ 통신용품: 휴대전화

⑤ 우비

⑥ 침낭 및 담요

⑦ 체육복, 운동화(등산화도 무방), 슬리퍼, 긴바지, 긴 소매옷, 모자, 목장갑

⑧ 그 밖에 야영계획에 따른 개인 준비물

6. 야외활동의 예비조사

1) 수송계획

수송계획은 크게 인원수송과 장비운송이 있다. 활동장소의 특성을 파악하여 교통편을 미리 확보하여 인원과 장비운송에 차질이 없게 한다.

- 인원수송 : 열차, 버스, 승용차 중에서 거리와 장소의 접근성을 고려하여 선택
- 장비수송 : 천막과 취사 및 조리기구, 식량 그 밖에 행사에 계획된 장비운송

2) 식량계획

식량계획은 영양의 규모와 기간에 따라 달라진다. 1박 2일 정도의 단기간의 계획에서는 각자가 휴대 운송하는데 크게 문제가 되지 않지만, 활동기간이 긴 경우 식량을 일괄 구입하여 음식물 공급에 부족함이 없게 해야 한다. 음식물은 건강과 가장 직결되는 문제이므로 현지에서 조달 가능한 식품의 공급여건을 사전예비조사를 통해 면밀히 검토해야 한다. 특정 지역에서 구입하기 어렵거나 고가의 물품은 사전에 미리 구입한다면 불필요한 지출을 방지

할 수 있으며, 특히 지역의 특산품을 파악하여 신선하게 먹을 수 있는 음식물을 제공하게 된다면 야외활동의 흥미와 재미를 더 높일 수 있을 것이다

3) 기타예비조사

(1) 도착일의 식량준비

현지도착과 동시에 취사준비를 한다는 것은 시간이 많이 소요된다는 점에서 사전에 미리 염두해 두어야 한다. 장거리 여행일 경우 참가자들이 배고픔을 호소할 수 있어 사전에 계획을 세우는 것이 필요하다. 요즈음은 간편식으로 된 식료품이 다양하게 준비되어 있어 쉽게 해결할 수 있을 것이다.

(2) 연료의 준비

현지사정에 따라 어떠한 방법으로 취사와 난방을 할 것인지, 연료는 무엇을 사용할 것인지를 사전에 미리 계획하여야 한다.

(3) 등반예비조사

야외활동 중 집단으로 등산을 하게 될 경우 교사가 미리 해당되는 산에 올라 등산로를 점검하고 위험요소를 숙지해야 한다.
등산예비조사에서 조사할 사항
① 전 등산로의 왕복소요시간
② 등산로 표식 및 등산로의 전체 완급경사의 특징
③ 휴식공간과 식사장소 파악
④ 약수터 혹은 급수장소 파악
⑤ 계절에 따른 위험요소 파악 및 대략적인 동식물의 분포 현황 파악
⑥ 산 높이, 산 내력, 산 이름 등을 숙지해 둠

7. 야외활동을 위한 장비

1) 개인장비

(1) 겉옷

야외활동 중에 입는 옷은 등산복과 크게 다르지 않으며 공통된 요건이 많다. 중요한 것은 사람은 어떠한 환경에서도 적정한 체온을 유지해야 한다. 이상적인 겉옷은 보온성은 보다는 완전한 방수 방풍 기능과 함께 통기성을 지녀야 하며, 움직이기에 편하고, 눈·비에도 젖지 않고 비교적 보온이 잘되는 옷이 좋다. 땀이 나도 흡수력이 좋고 주머니가 적당히 있어 필요한 물품을 간편하게 소지할 수 있는 제품이 좋다. 웃옷은 지퍼가 달린 표준 파카와 목 부분에만 지퍼가 달린 아노락이 있다. 흔히 오버 트라우저라고 말하는 덧바지는 통기성이 없지만 값이 저렴하고 내구성이 좋은 폴리우레탄 코팅 원단도 좋다. 우모복은 매우 추운 날씨에 사용되는 보온 의유로 나일론 겉감 속에 오리털이나 거위털을 보온재로 사용한다.

(2) 내복(속옷)

내복은 직접 피부에 닿는 옷으로 촉감이 좋고 땀을 잘 흡수하여 빨리 마르고 보온력과 신축성도 있어야 한다. 특히 여름철에는 땀이 많이 흐르기 때문에 2~3벌 따로 준비하는 것이 좋다.

(3) 보온 의류

야외활동 중에는 평소에 주로 입는 면 스웨터나 청바지는 등산용으로 적절하지 않다. 상체 보온을 위한 웃옷은 내복보다 두꺼운 합성섬유(폴리에스터, 폴리프로필렌)류 옷가지와 울 스웨터, 플리스 재킷 등이 많이 사용된다. 바지는 젖어도 보온이 되는 울이나 플리스 바지가 좋다. 또한 바람이나 마찰에 강하고 활동에 불편이 없도록 신축성을 지녀야 한다.

(4) 모자 장갑 양말 신발
① 모자

모자는 필수적인 것으로 강렬한 햇빛을 피하기 위하여 챙이 있어야 하며, 경우에 따라서는 체온조절 역할을 할 수 있다. 실재로 머리로 빼앗기는 열은 전체 체열 손실의 절반이나 될 정도로 많다. "발이 시리면 모자를 써라" 라는 말이 있듯이 체온 유지를 위해 제일 먼저 모자를 써야 한다. 단순 보온을 위한 모자는 울, 포리프로필렌, 폴리에스터, 플리스(fleece) 등의 소재로 된 바라클라바(Balaclava)가 좋다.

② 장 갑

단순 보온을 위한 장갑은 젖어도 보온 효과가 있는 울이나 플리스를 주로 사용하는데 플리스가 더욱 가볍고 물기를 쉽게 짜내고 빨리 말릴 수 있다. 장갑 역시 등반 상황에 맞게 여러 종류의 장갑을 가져가야 한다. 겨울철에는 겉장갑 안에 낄수 있는 얇은 속장갑을 준비하는 것이 효과적이다.

③ 양 말

통풍성이 좋은 것이 좋으며 하이킹이나 등산할 때는 좀 두꺼운 모직으로 준비하되 3~5 켤레 정도 있어야 충분히 여유가 있다. 등산용 양말은 발을 따뜻하게 하고 걸을 때 적당한 탄력을 주며, 등산화와의 마찰로 발에 상처가 나는 것을 막는다. 가벼운 산행에는 양말을 한 겹만 신지만 일반적으로 등산 양말은 두 겹을 신는다. 속 양말은 실크나 합성섬유로 된 얇고 부드러운 재질이 좋다. 그러면 땀이 차도 발은 젖지 않고 바깥 양말로 땀을 전달한다.

④ 신 발

신발은 전문 등산화가 아니더라도 바닥이 두터운 제품이라면 상관이 없다. 하이킹이나 등산을 하더라도 당일로 다녀온다면 가죽구두와 같은 소재로 된 신발을 신어도 상관없다. 끈이 있는 신발의 경우 끈이 지나치게 낡아 여행도중 끊어지는 일이 발생하지 않게 사전에 살펴둔다. 야외활동 중에는 자연환경의 변화에 직접 노출될 수밖에 없다. 따라서 보온력과 마찰력이 좋은 소재를 이용하여 기후변화와 다양한 지형조건에 적응할 수 있어야 한다. 다만 신발을 여행에 너무 임박해서 구입하면 신발이 발에 적응되지 않아 고생하는 경우가 발생할 수 있음으로 사전에 신어보고 발에 익히는 것이 좋다. 여름에는 휴식시간이나 식사 중에 사용하기 위해 샌들(Sandle)을 준비하는 것도 좋다.

(5) 배 낭
① 배낭의 종류
- 소형배낭 : 보통 프레임이 없는 것이 많으나 간혹 조금 큰 배낭일 경우 프레임을 사용

하기도 한다. 소형 배낭은 약 9-13kg의 무게를 운반하며 용량은 30-40L가 적당하다.

- 외부 프레임 배낭 : 흔히 지게 배낭이라고 부르는 것으로 짐 무게를 어깨와 엉덩이에 효과적으로 분산시키도록 설계된 단단한 알루미늄 프레임이 배낭 바깥쪽에 달려있다.
- 내부 프레임 배낭 : 가장 많이 사용되는 배낭으로 프레임이 배낭의 등판 안쪽에 들어있다.

② 배낭의 구조

- 수납공간
- 보조 주머니와 장식
- 무게 중심 조절기구(엉덩이 밸트, 어깨 끈, 토르소)

③ 배낭 크기와 소재

1박 이상의 등산용 배낭은 50~70L 정도가 적당하다. 이 크기는 약 13~25kg의 짐을 운반할 수 있다. 원정이나 장기 등반에는 100L짜리가 필요 할 수도 있다. 배낭을 만드는 원단은 보통 나일론과 폴리에스터에 폴리우레탄 방수 코팅을 한 것이다.

④ 좋은 배낭 고르는 법

- 사용 목적에 맞아야 한다. 워킹용, 암벽등반용, 빙벽등반용 아니면 공용으로 사용할 것인지 용도에 맞게 선택한다.
- 꼭 필요한 것만 달린 단순한 것이 좋다.
- 내구성이 좋은 것을 고른다.
- 몸에 잘 맞는 배낭을 고른다.
- 대형 배낭은 둘레를 고려해 선택한다.

⑤ 배낭꾸리기

- 짐은 기본적으로 무거운 것은 위에 가벼운 것은 아래에 꾸려야 한다.
- 자주 사용하는 헤드램프, 나침반, 지도, 수통, 크램폰, 장갑, 모자 등은 주머니나 배낭 윗부분(후드)에 넣는다.
- 잃어버리기 쉽고 구분이 모호한 자잘한 물건은 종류별로 휴대용 주머니에 담아 꾸린다.
- 젖어서는 안 되는 장비와 여분의 옷가지는 비닐로 포장하고 돌출된 장비는 옷이나 섬유 제품 사이에 끼워 넣어 등에 배기지 않고 흔들리지 않게 한다.

(6) 기타 장비

등산에 필요한 기본 장비는 입고, 먹고, 오르고, 잠자는데 필요한 장비들이다.

- 지도와 나침반
- 선글라스와 자외선 차단 화장품
- 비상식량(하루분, 조리하지 않고 바로 먹는 것, 장기 보관 식품)
- 여벌옷
- 헤드램프 : L.E.D(light emitting diode)
- 비상약품
- 기타장비(성냥과 라이터, 칼, 나일론 끈, 수통과 물주머니, 해충퇴치제 등)

2) 공동용구

공동장비 공동의 용구는 야영활동의 내용 참가자의 규모에 따라 다르지만 기본적인 요소는 다음과 같다.

① 천막(Tent) : 천막은 가옥형, 지붕형, 삼각형이 있는데 야영생활을 하는데는 가옥형이 가장 주거성이 좋고 쾌적하다. 그러나 가옥형은 다른 두 가지에 비해 벽이 있으므로 바람에 약한 것이 흠이자. 어떤 형이든 천막은 튼튼하게 설치하지 않으면 밤중에 비바람에 날려 큰 소동을 일으키게 된다.

② 천막치기 : 기둥(Pole), 로우프(Rope), 말뚝(Peg), 깔개(Grand Sheet), 프라이 시트(Fly Sheet)

③ 설영용구(Camp Tool) : 삽, 톱, 망치, 철사, 펜치, 못, 낫, 도끼, 안전핀, 고무밴드, 기타 보수기구

④ 취사용구

⑤ 등화용구 : 렌턴, 회중전등, 양초, 가스등

⑥ 기타용구 : 지도(Map), 라디오, 사무용품, 나침반(Silver Compass), 호각, 핸드 마이크, 야영활동 용구

8. 야외활동과 안전관리

야외활동 중에는 여러 가지 위험요소가 발생할 수 있다. 야외에서는 기존의 안전하고 쾌적한 주거공간에서의 생활방식과 완전히 다른 환경에서 적응해야 하기에 여러 가지 안전문제가 발생할 수 있다. 야외는 열린 공간이기 때문에 여러 가지 자연현상에 그대로 노출될 수밖에 없다는 점에서 공공의 안전을 위한 안전대책을 수립해야 한다. 기온, 일광으로 인한 자외선, 기압변화에 따른 일기의 변화, 홍수, 지진, 벼락 등의 자연재해로부터 야영활동 중에 일어날 수 있는 여러 안전사고 발생상황을 예측하고 대비해야 한다. 규모가 큰 집단이 움직일 경우에는 전문 의료인을 동행시키는 것이 좋으며 각자 자신의 건강상태를 점검하기 위한 자가 건강진단을 유도하고 개인 안전에 소홀함이 없도록 지도해야 한다.

1) 출발전 점검 사상

① 야외활동목적지가 개인의 건강상태로 보아 건강이 악화되거나 도움이 되지 않는 지역인가를 확인하게 한다. 스스로 판단내리기 어려운 사안이라면 교사나 전문가와 상담 후 결정한다.
② 사전에 자가진단으로 개인이 가진 질병발생의 기미를 살펴보고 맥박, 체온, 혈압, 수면정도, 식욕, 용변 등의 건강상태를 살펴본다.
③ 출발 몇 일 전부터 적절한 운동을 함으로서 몸 상태를 조절한다.

2) 야외활동 중 건강관리

(1) 청결유지 및 환경관리

야외생활은 실내에서 이루어지던 편리함이 새삼 떠오르게 될 정도로 모든 것이 불편하고 어렵다. 따라서 평소에 가볍게 여기던 일상적인 일들이 귀찮아지고 게으름을 피워 실천하지 않게 된다. 침구류는 햇볕에 자주 말리고 소독한다. 취사장 주변은 청결을 유지하고 음식물 찌꺼기가 남지 않도록 한다. 음식물로 인한 식중독이 균이 발생하지 않도록 하고, 특히 물은 반드시 끓여 마셔야 한다.

(2) 휴식과 수면

활동시간과 휴식시간의 비율을 적당히 맞춰 피로가 누적되지 않게 한다. 야외생활을 하다보면 수면에 어려움을 격을 수도 있기 때문에 적절한 수면조건과 시간을 주는 것이 좋다.

(3) 음료수와 식사

음식은 야외활동 중에는 간편식이 많다는 점에서 음식물 섭취에 어려움을 격을 수 있다. 야외활동에서 배워야 하는 교육적인 내용의 하나는 음식에 대한 고마운 마음을 배우는 것이다. 무엇이든 가리지 않고 잘 먹고, 되도록 남기지 말고 적당량을 취하여야 한다. 또한 물은 수인성 전염병을 유발할 수 있다는 점에서 지정된 곳이나 미리 준비해온 것이 아니면 함부로 먹지 말고 부득이 음료수로 사용해야 할 경우 반드시 끓여 마셔야 한다.

(4) 텐트위생과 관리

장시간 텐트 내에서 생활을 하는 경우 밀폐된 공간에서 습기나 곰팡이가 발생할 수 있으므로 수시로 환기를 하고 음식물을 먹을 경우 흐르지 않도록 주의해야 한다. 비가오지 않는 날에는 텐트의 양쪽 끝자락을 걷어 올려 내부의 습기를 빼내고 침구도 일광을 시켜야 한다.

3) 긴급 상황 대비책 및 상황발생시 행동요령

(1) 비에 대한 대비
① 의류 및 신발, 기타 장비가 비에 젖지 않도록 한다.
② 여름철에는 국지성의 소나기가 자주 내리기 때문에 야영위치를 잘 선택하여 야영준비를 해야 한다.
③ 우비, 판초, 우산, 손전등, 성냥이나 라이터, 초, 밧줄, 여분의 비닐, 삽 등을 준비하여 비에 대비해야 한다.

(2) 바람에 대한 대비
① 바람에 대비하여 텐트는 굵은 나무나 바위에 매어 두거나 굵은 말뚝을 박아 안정적으로 고정시킨다.
② 바람이 세게 불어올 경우 나뭇가지가 부러져 텐트를 덮치는 경우가 있으므로 가지가

너무 크게 뻗은 나무나 부러질 위험이 있는 나무 밑은 피하는 것이 좋다.

③ 바닥이 모래땅일 경우 텐트를 고정시키는 말뚝을 긴 것을 사용하여 되도록 깊이 박아야 한다. 필요에 따라서는 큰 돌을 이용하여 말뚝이 뽑히지 않도록 방지한다.

(3) 벼락에 대한 대비

① 벼락이 산에 떨어질 경우 산불 등의 위험이 있고, 사람이 맞으면 감전사의 위험이 매우 높다. 벼락은 여름철에 주로 발생하고 주로 오후 3시경에 많이 발생한다.

② 천둥번개가 칠 경우 되도록 낮은 곳으로 이동하고 바위 밑이나 땅이 파인 곳에서 다리를 모으고 자세를 숙여 웅크린 자세로 기다린다.

③ 대피소나 자동차 안을 이용하는 것도 안전하다.

(4) 지진에 대한 대비

① 야영생활중 지진이 날 경우 가장 위험한 것은 산사태나 낙석이 가장 위험하다. 따라서 지진 발생의 징후가 있을 시에는 산사태의 위험으로부터 안전한 곳으로 이동해야 한다.

② 폭발이나 화재위험이 있는 물질은 되도록 가까이 하지 않아야 한다.

(5) 안전사고 발생 시 대처 요령

많은 인원이 움직일 경우 크고 작은 안전사고가 발생할 위험성이 있다. 사고가 일어날 경우 신속하고 정확한 응급처치는 경우에 따라서는 한사람의 생명과도 관계되기에 상황대처 요령은 매우 중요하다. 사고 상황을 정확히 판단하여 상황에 대처한다. 기본적인 응급상황 대처는 3C라는 3가지 기본 단계 순서대로 대처하는 것이 가장 기본적인 행동요령이다.

보다 전문적인 사항은 뒷장의 안전교육에서 자세히 소개할 것이다.

① Check(현장조사) 그 상황과 부상자를 확인한다.

환자나 사고자가 발생하면 먼저 상황을 파악해야 한다. 2차적인 위험이 따를 수 있으므로 나와 다른 사람들의 안전을 먼저 확인하고 그다음 환자의 상태를 확인한다.

② Call(연락) 119나 응급의료기관에 전화한다.

주변의 조력자를 찾아 도움을 요청한다.

③ Care(처치 및 도움) 부상자를 돌본다.

지혈과 같이 간단하지만 긴박한 처치의 경우 조치를 취하고, 구급차 및 의사나 전문가가 도착하기 전까지 부상자를 보호한다.

(6) 야외생활에서 일어나기 쉬운 사고나 질병

① 감기 · 몸살

야외활동은 평소보다 신체움직임이 활발하기 때문에 에너지 소비가 많아진다. 참여자는 야외활동의 기분에 자신이 가진 평소의 체력보다 높은 강도의 신체활동에도 피로감을 느끼지 못하게 될 수도 있다. 저항력이 떨어진 상태에서 소나기나 차가운 바깥기운에 노출되거나 텐트속의 잠자리가 습하고 추운 상태에서 수면에 들게 되면 감기 · 몸살에 걸리기 쉬워진다. 또한 수면을 제대로 취하지 못하게 되면 야영생활 기간 동안 좋은 몸 상태를 유지하기 어려워 즐거워야할 야외에서의 시간이 불편하고 괴로워질 수 있다. 따라서 보온에 유의하고 열이 높고 땀을 많이 흘릴 때는 수분공급을 하며 식사는 따뜻하고 소화가 잘 되고 칼로리가 풍부한 음식을 섭취하는 것만이 가장 좋은 예방법이다.

② 복통

복통이 일어날 경우에는 우선 그 원인을 알아보아야 한다. 야외생활 중에는 음식과 물의 청결상태를 평소 생활보다 안정적으로 보장받기 어렵다는 점에서 복통이 일어날 가능성이 높다. 잘못된 음식물을 섭취하여 복통이 일어날 경우 통증과 구역질 설사 같은 증세가 나타나는데 이때는 손가락을 넣어 음식물을 토하게 한 뒤 미음이나 죽을 먹인다. 오른쪽 복부에 통증이 나고 열이 있으면 일단 맹장염으로 의심하고 환자를 즉시 자리에 눕히고 절대 안정을 시킨다. 맹장염이나 복막염은 안색이 창백해지고 맥박이 빨라지면서 이마에 식은땀이 흐르는 수가 있다. 입술이 새파랗게 되며 구역질을 하기도 한다. 이럴 경우 설사약이나 음식물을 절대주지 말고 아픔을 털어주기 위하여 얼음주머니나 찬 물수건을 맹장부위에 대어주고 병원으로 옮겨 의사에게 보일 수 있도록 조치한다.

③ 설사

상한음식이나 오염된 것으로 판단되는 음식을 피해야 하고 잘못된 음식을 먹을 경우 설사를 일으키기도 한다. 음식물은 시간이 오래 경과한 것은 먹지 않아야 하고 물은 항상 끓어먹도록 한다. 가벼운 증상이 나타날 때는 배를 따뜻하게 하고 상비약을 복용하도록 한다.

④ 변비

변비는 처음 경험하는 야영생활에서 발생하기 쉽다. 낯선 생활을 하게 되면 대부분의 경험하게 되는 증세다. 예방을 위해서는 아침에 기상 후 냉수를 한 컵 마시는 것이 좋다.

⑤ 일사병 및 열사병

일사병과 열사병은 햇볕을 지나치게 오래 쐬거나 밀폐된 공간에 오래 머문 상태에서 장기간 노출되었을 때 나타나는 질병이다. 여름 한 낮에 강한 직사광선을 받든가 뙤약볕 아래에서 모자를 쓰지 않고 심한 운동이나 작업을 오래할 경우에 일어나는 것이 일사병이고, 고온다습한 날씨에 많은 인원이 천막 같은 밀폐된 공간에 모여서 오래 있을 때 일어나는 것이 열사병이다. 증세는 맥박, 호흡이 빨라지고 땀이 나고 얼굴에 홍조를 띠며 메스껍고 하품이 나며 두통을 호소한다. 심한 경우 현기증, 시력감퇴, 의식을 잃는 경우가 있다. 일단 발병하면 시원한 곳으로 옮겨 눕히고 옷을 풀어 통풍이 잘되게 한 다음 머리와 가슴을 젖은 수건으로 식힌다. 차가운 음료를 마시게 하거나 알코올로 몸을 문지르면 효과가 있다.

⑥ 화상

야영생활 중 화상은 주로 불을 다룰 때 발생하므로 주의하여야 한다. 부주의로 옷에 불이 붙을 경우 모포를 덮거나 뒹굴어서 공기를 차단에 불을 끄도록 한다. 이밖에도 액체 화학물에 의한 화상 · 전기접촉에 의한 화상 · 태양열에 의한 화상이 있다.

⑦ 염좌 및 탈구 · 골절

염좌는 몇 분 동안 고통이 계속된 뒤 통증이 그치는 가벼운 정도로부터 인대가 터져서 완치까지 여러 주가 걸리는 심한 정도의 증세도 있다.

탈구는 삐었을 때보다 외력의 강도가 심해 관절의 모양이 변하고 운동을 할 수 없게 된 상태이다. 골절은 타박, 전도, 충돌에 의해 외력이 뼈에 작용하여 뼈가 부러지거나 갈라지는 것이다. 대부분 염좌와 탈구의 구별이 어렵지 않으나 때로는 염좌와 관절골절을 구별하기 힘들다. 만약 골절의 의심이 있으면 골절로 가정하고 조치를 취하여야 한다.

⑧ 벌레

자연상태에서는 다양한 종류의 동물과 곤충에 노출되어 있어 물리거나 쏘이는 경우가 발생한다. 우리나라의 경우 벌레의 침은 대부분 치명적이지는 않지만 벌레 침에 알러지 반응을 보이는 사람도 있다. 알러지 반응은 구조 호흡이 필요한 응급상황을 초래할 수도 있다. 벌에 쏘였을 경우 침을 제거하고 비눗물로 물린 부위를 씻고 깨끗이 유지한다. 벌레에 물린 경우에는 암모니아수를 바르거나 고약, 크림을 발라준다. 찬 수건을 대어 주면 통증을 가라앉힐 수 있다.

⑨ 독사에 물렸을 때

독사는 바위, 통나무, 나무껍질에 살면서 밤에는 매우 활동적이다. 생명에 위협을 줄 수 있는 종류는 많지 않다. 독사에 물렸을 경우 혈액독에 의한 증세가 나타난다. 독소가 급격하게 온몸으로 퍼져 호흡곤란, 신경마비 증세를 일으키고 몸이 부어올라 금방 쇼크 증세를 보이고 사망하는 수가 있다. 독의 확산을 막기 위해 상처부위를 기준으로 심장 쪽을 줄, 끈, 허리띠, 수건 등을 이용하여 묶어서 강하게 압박한 뒤에 소독한 칼로 물린 부위를 열십자로 가른 다음 음으로 독을 빨아낸다. 입안에 상처가 있는 사람은 독에 노출되어서는 안 된다.

⑩ 그 밖의 발생될 수 있는 사고나 질병

야외에서 활동을 하는 일은 늘 부상이나 질병에 쉽게 노출되어 있다고 보아도 지나치지 않다. 야외활동 중에는 평소보다 많이 걸어야 하기 때문에 물집이 생기기도 하고 눈과 귀에 곤충이나 이물질이 들어가는 수가 있다. 또 때에 따라서는 음식물로 인한 두드러기가 나기도 하는 등 사고나 질병에 유의해야 한다.

(7) 날씨의 예측

야외 생활을 계획할 때에는 활동기간의 날씨의 변화에 얼마나 잘 대처하느냐에 따라 야외활동의 성패를 가름할 수 있을 만큼 기후변화의 예측은 중요하다. 특히 산이나 강가의 날씨는 변화가 심해 일기예보 예측도 벗어날 수 있기에 기상변화로 인한 활동 중 어려움이 닥칠 수도 있다.

대표적인 기상 변화로는 갑자기 불어오는 바람이다. 바람은 기압 분포와 밀접한 관계를 가지며 공기는 기압이 높은 곳에서 낮은 곳으로 이동한다. 기압이 고르지 못하면 바람이 일어나는데 기압차가 클수록 바람이 강하게 분다. 우리나라는 여름철에 남동풍이 불고, 겨울철에는 북동풍이 분다.

구름은 대기 중에 수증기를 많이 포함한 공기가 상승 응결하여 물방울이나 얼음입자가 되어 떠있게 되는 것을 구름이라 한다. 구름은 그 높이와 원인, 형태에 따라 분류할 수 있다. 상승기류가 강할 때 수직으로 발달하는 적운형 구름과 사승기류가 약할 때 수평으로 발달하는 층운형 구름으로 나눈다. 높이에 따라서 상층에는 권운, 권층운, 권적운이 발달하고, 중층에는 고층운, 고적운 하층에는 층적운, 난층운, 층운이 발달 한다.

☀

기후변화를 예측할 수 있는 관련속담

- 거미가 줄을 치면 날씨가 좋다.
- 거미줄에 이슬이 맺히면 날씨가 갠다.
- 새벽안개가 짙으면 날씨가 맑다.
- 아침소나기는 반드시 갠다.
- 하늬바람(서풍)이 불면 날씨가 맑다.
- 참새가 아침 일찍 지저귀면 날씨가 좋다.
- 저녁에 해무리가 생기면 다음날 맑다.
- 뭉게구름(적운)은 맑을 징조이다.
- 양떼구름(고적운)은 비가 올 징조이다.
- 새털구름(권운)은 비가 올 징조이다.
- 아침에 무지개가 서면 비가 오고, 저녁에 무지개가 서면 날이 갠다.
- 연기가 똑바로 올라가면 맑고, 옆으로 흐르면 비가 올 징조이다.
- 청개구리가 울면 비가 온다.
- 무지개가 서쪽에 생기면 강 건너에 소를 매지 않는다.
- 제비가 지면에서 가까이 날면 비가 올 것이다.
- 개미가 줄을 지어서 지나가면 비가 온다. 개미가 진을 치면 비가 온다.
- 달무리가 지면 비가 온다.
- 연기가 실외로 나가지 않으면 비가 온다.
- 뭉게구름이 뜨면 소나기가 온다.
- 종소리가 잘 들리면 비가 온다.
- 지렁이가 나오면 비가 온다.
- 연못, 늪, 하천에 거품이 많이 일면 머지않아 비가 온다.
- 달 가까운 곳에 별이 있으면 화재의 위험이 있다.

☀ 날씨와 관련된 잠언

1. 구름이나 소나기가 없이는 결코 무지개가 뜨지 않는다. -J.H. 빈센트

2. 구름이 짙게 낀 날엔 태양이 있다는 생각을 하기 어렵지만 태양은 그 구름 위에 떠 있다. -쉐넌스

3. 대기(大氣)는 그날그날의 우연한 날씨에 따라 우리의 육체 조직에 깊이 작용하며, 우리가 잊어버리고 온 컴컴한 저장에서, 기억이 판독 못하는 새겨진 멜로디를 꺼낸다. -마르셀 프루스트

4. 몸과 마음이 건강한 사람에게는 나쁜 일기(日氣)란 없다. 하늘은 맑게 개든 어둡게 꾸물거리든 모두 그 나름으로 아름다움을 갖고 있다. 거센 바람도 맥박을 촉진시킨다. -G.R. 기싱

5. 병자에게는 상쾌한 얼굴이 좋은 날씨만큼이나 좋다. -벤자민 프랭클린

6. 일기(日氣)를 선택하는 것, 예를 들면 비를 내리고 안 내리고는 하나님이 선택하는 것이다. 그런데 왜 비가 내리는 것이 나의 선택 때문이라고 말하는가. -제임스 위트콤 릴레이

7. 일기 예보를 들을 때, '때때로 비가 뿌리기도 하겠다'는 표현으로 인해 얻어지는 짙은 감동. 그것은, 시(詩)란 우리 내부에 있는 것이지 표현 속에 있는 것이 아님을 증언해 주고 있다. '뿌린다'는 표현이 어떤 마음의 진동을 불러일으킬 수 있는 소지를 지닌 말이긴 하지만. -E.M. 시오랑

8. 햇볕은 포근한 것이요, 비는 모든 것을 깨끗하게 만드는 것이요, 바람은 시원한 것이요, 눈은 우리를 기분 좋게 만드는 것이다. 그러므로 나쁜 일기(日氣)는 있을 수가 없다. 오직 여러 가지 일기가 있을 뿐이다. -존 러스킨

9. 날씨가 나쁜 건 대비할 수 있지만 재난이 닥쳐오는 건 그 누구도 피해갈 수 없는 법이다. -중국 격언

10. 오늘부터, 바깥의 날씨가 어떻든지 나만의 태양은 내 안에서 빛날 것입니다. -세프라 코브린 피첼

...

Chapter 2

응급처치

1. 응급처치의 필요성

응급처치란 어떤 손상이나 질병이 생겼을 때 구급차나 의료진이 도착하기 전에 먼저 도움을 주거나 처치하는 것을 말한다.

예기치 않은 시간과 장소에서 갑작스럽게 발생하는 사고와 위험 속에서 신속하게 의료진의 도움을 받을 수 없을 때, 응급처치를 통해 생명을 구하고 현 상태에서 더 나빠지거나

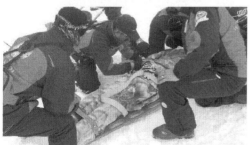

✲**그림 2-1** 응급처치

부작용이 생기는 것을 예방하며, 빠르게 회복할 수 있도록 하여 자신과 이웃의 건강과 안전에 큰 도움을 줄 수 있다.

1) 응급처치 시 일반적인 주의사항

① 부상시의 의식 유무를 확인하고 호흡 곤란이나 호흡 정지, 맥박정지, 심한 출혈의 유무를 먼저 파악하여 이에 대한 처치를 우선 시행한다.

② 부상자의 전신을 관찰하여 부상의 종류와 정도 등을 파악한다.

③ 부상자의 얼굴이 창백하면 다리를 높여주고, 얼굴이 붉어져 있으면 머리를 높여준다

④ 구토 시에는 머리를 옆으로 돌려주어 기도가 막히는 것을 방지하며, 의식이 없는 환자에게는 회복자세를 취해주어 안정시킨다.

⑤ 의식이 있는 부상자에게는 격려와 위로의 말을 하여 부상자의 공포감을 없애고 자신감과 희망을 갖도록 도와준다.

⑥ 담요, 종이 등을 이용하여 부상자의 보온을 도와주어 정상체온을 유지시켜 준다.

⑦ 의식이 없거나 출혈이 심한 경우, 복부의 손상이나 내출혈이 의심되는 부상자에게 음료수를 주면 안 되며, 의식이 있거나 가벼운 부상으로 몹시 추워하는 경우에만 미지근한 음료수를 천천히 조금씩 주도록 한다.

⑧ 부상자에게 필요 없는 사람들의 접근을 막아 응급처치가 방해받지 않도록 한다.

⑨ 부상자가 자신의 상처를 보지 않도록 상처부위를 가려주고, 상처에 대해 자세히 이야기하지 않도록 한다.

*그림 2-2 회복자세

2. 응급활동의 순서

응급상황에서는 짧은 시간에 많은 일을 하여야 하므로 시간을 낭비하지 않도록 응급처치의 순서를 항상 기억하고 침착하게 구조 활동을 진행해야 한다.

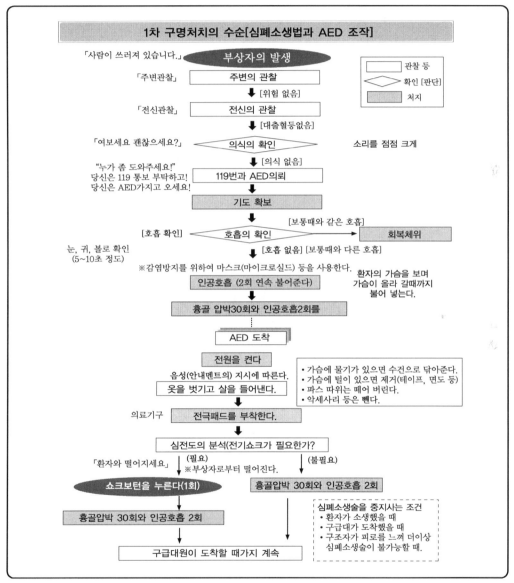

* **그림 2-1** 응급활동의 순서

1) 상황 파악 및 현장 관리

응급상황을 갑자기 접했을 때에는 짧은 시간에 많은 정보를 얻어야 하므로 침착하고 신속하게 상황을 파악하고 이에 대처한다. 먼저 현장이 계속 위험한지, 생명이 매우 위중한 환자가 누군지, 구조장비나 인력 등을 확인한다. 이때 먼저 자신의 감정을 안정시킨 후 잠시라도 신중하게 생각하는 순간을 가지는 것이 중요하다.

현장이 계속 위험하면 구조자 자신의 안전을 먼저 생각해야 한다. 또한 필요 없는 일을 해서 자신과 부상자를 더 큰 위험에 빠뜨리는 일이 없도록 하고, 항상 자신의 능력의 한계를 명심하고 상식적인 한도 내에서 구조 활동을 해야 한다.

한편 주변 사람들에게 적절한 도움을 요청하여 혼자서 모든 일을 처리하지 않도록 하는 것이 중요하다.

2) 구조 요청

주변 사람들에게 위험한 물건을 치워줄 것을 부탁한다. 119(화재구조, 구급업무 담당), 1339(응급의료정보센터 : 의료기관 안내, 응급처치 안내, 간단한 응급의료 상담) 등에 구조 요청을 하고, 응급처치기구를 갖다 줄 것과 환자의 손이나 다리를 들어 주거나 지혈을 해줄 것, 부상자를 가려주고 이송을 도와줄 것 등을 지시하고 확인한다.

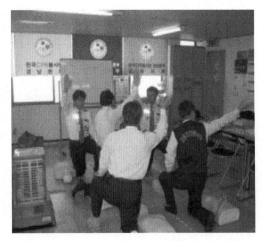

✽ 그림 2-4　구조요청

3) 응급처치

먼저 현장이 안전함을 확인한 다음에 환자에게 접근하면서 겉으로 보아 알 수 있는 출혈이나 구토물의 유무를 확인하고 의식과 호흡 맥박 유무를 확인한 다음 이에 따라 기본적인 응급처치를 시행한다.

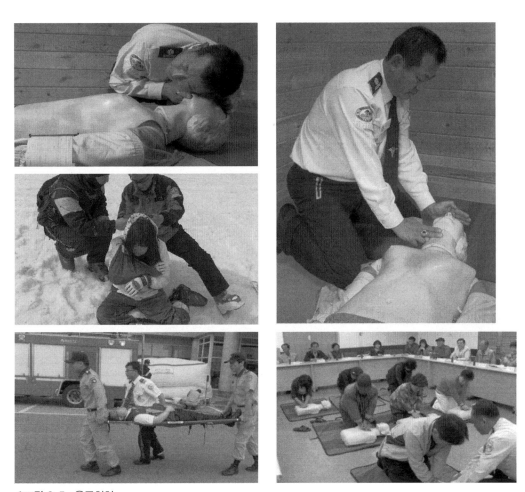

＊**그림 2-5** 응급처치

3. 기본 응급처치

우리 몸의 모든 기능을 조절하는 뇌는 만약 3~4분 이상 산소공급이 중단되며 기능을 잃기 시작하며 의식이 없어지고 호흡과 맥박이 중단되어 사망하게 된다. 산소가 뇌에 도달하기 위해서는 몸으로 산소가 들어가기 위해 기도가 개방되어야 하고, 산소가 폐의 혈액 속으로 녹아들어가기 위해 호흡이 유지되어야 하며, 그 혈액을 온몸으로 보내기 위해 혈액순환을 고르게 이루어져야 한다. 따라서 환자의 기도 개방, 호흡유지, 심박동 유지에 대하여 가장 먼저 관심을 가지고 관찰해야 하며 적절한 응급처치를 실시해야 한다.

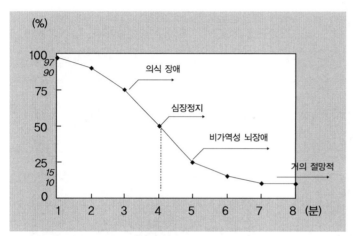

* **그림 2-6** 드링커 박사의 생존곡선[1]

4. 각종 손상 시 응급처치

각종 야외 활동 시 흔히 접하게 되는 손상에 대하여 적절한 응급처치 방법을 익혀 부상과 부작용을 최소화할 수 있도록 노력하는 것이 중요하다.

1) 상처와 출혈

상처는 피부나 체표면에 발생한 비정상적인 균열을 말하며 대개 혈액이나 체액의 손실과 세균감염으로 염증을 일으킨다. 출혈이 있을 경우에는 상처를 압박하고 상처 부위를 높

---

1) 호흡정지 후, 인공호흡을 개시하기 전까지 걸린 시간에 따른 소생율을 말한다.

이 들어서 출혈을 감소시키고 심한 출혈로 인한 쇼크를 예방하며 감염이 안 되도록 하여 자연치유를 돕는다.

(1) 외출혈

먼저 상처를 자세히 파악하며 구조자의 손가락이나 손바닥을 사용해 상처를 직접 압박한다. 환자의 심장보다 상처부위를 높이 들어준다. 환자를 눕히면 상처부위로 혈류가 줄어 쇼크 발생을 예방할 수 있다. 붕대를 감아 지혈을 돕고 골절된 부위를 잘 지지한다.

① 상처부위를 노출시킨 뒤 깨끗한 헝겊을 대고 손으로 상처부위를 힘껏 누른다.
② 손으로 압박한 상태에서 손상부위를 올리고 받쳐준다.
③ 손상부위를 단단히 패드로 감아주며 사지의 혈액 공급이 차단되지 않게 주의한다.
④ 구조요청을 한 뒤 손상부위와 다리를 올릴 상태로 담요를 덮어 보온을 유지한다.

(2) 내출혈

외상 후 외출혈이 없어 쇼크 증상을 보이거나, 목의 구멍에서 출혈을 보일 때, 창백하고 피부가 차며 끈적거리고, 맥박이 약하고 빨리 뛸 때, 갈증이 심하거나 의식이 혼미할 때에는 내출혈을 의심해야 한다. 이때는 환자를 눕히고 다리를 들어 올린 상태에서 보온에 힘쓰고 환자의 맥박과 호흡, 의식 등을 자주 측정한다.

2) 뼈, 관절, 근육의 손상

뼈가 부러지거나 깨진 경우를 골절이라고 하며, 관절에서 어긋나는 경우를 탈골이라고 한다. 연부조직의 손상 중에서 인대나 근육의 일부가 찢어진 경우를 염좌라고 하고, 완전히 찢어진 경우를 파열이라고 한다. 골절이 허벅지 뼈, 갈비뼈, 골반 뼈에 올 경우에는 쇼크를 동반할 수 있음을 염두에 두어야 한다.

(1) 연부조직 손상의 처치

다친 부위를 편하고 안정되게 받쳐준 후 RICE

R (Rest, 휴식, 안정)

I (Ice, 냉찜질)

C (Compression, 압박)

E (Elevation, 들어 올림) 방법으로 처치한다.

(2) 폐쇄성 골절과 탈구의 처치

환자와 대화를 통해 진정시킨 뒤 안정될 때까지 구조자의 손으로 다친 부위를 고정시킨다. 환자가 위험한 위치에 있지 않거나 완전하게 고정하지 않은 상태에서는 환자를 움직이지 않도록 한다. 고정을 하기 위해 상지의 부상이 있을 경우에는 몸통에 함께 묶고 하지의 부상부위는 성한 다리와 함께 묶는다. 탈골이 의심되더라도 다시 깨우려고 시도하지 않는다. 가능하면 다친 쪽을 높게 하고 묶어놓은 아랫부분의 혈액 순환을 자주 확인한다.

(3) 개방성 골절의 처치

상처를 멸균된 거즈나 패드로 덮고 압력을 가해 지혈시킨 뒤 붕대로 감고, 나머지는 폐쇄성 골절과 같은 방법으로 치료한다.

① 환자를 움직이지 못하게 한 후 손으로 환부를 잡고 고정시킨다. 이때 불필요하게 환자를 움직이지 않도록 한다.

② 만약 출혈이 있으면 깨끗한 헝겊으로 환부를 싸서 압박하여 지혈시킨다. 상처 부위에 깨끗한 헝겊이나 패드를 댄 뒤에 헝겊으로 감아준다.

③ 다리의 골절이 있으면 양다리를 무릎과 발목에서 함께 묶은 후, 손상부위에 상하방도 함께 묶어준다. 관절의 돌출부와 부목 사이에 패드를 대서 완충시킨다. 매듭은 손상받지 않은 부위에 묶는다.

④ 가능한 손상부위를 올려서 받쳐주며 매 10분마다 말단부위를 관찰하여 혈액순환을 확인한다.

3) 기타

운동으로 인해 산소요구량이 갑자기 증가되었을 때 나타날 수 있는 협심증이나 당뇨환자의 운동 중에 나타날 수 있는 저혈당, 기타 야외 활동 시 고온이나 저온으로 인해 초래될 수 있는 응급상황에 대해 충분한 지식을 가지고 대처하여 부작용을 최소화하고 적절한 치료를 돕도록 한다.

(1) 협심증

혈액순환은 심장의 규칙적인 수축과 이완을 통해 이루어지며 심장주변을 둘러싼 관상동맥에 의해 혈액공급을 받는다. 그러나 죽상경화증으로 관상동맥이 좁아지거나, 운동이나 흥분상태에서 산소요구량이 갑자기 증가되었을 때 충분한 산소공급이 이루어지지 않으면 심하게 가슴이 눌려지는 듯한 통증을 느끼게 된다. 주로 쥐어짜는 듯한 흉통이 일어나며 때로 왼쪽 팔과 턱으로 방사된다.

이때는 환자를 편안하게 앉히고 안심시킨 뒤 협심증 약을 환자가 가지고 있으면 복용시킨다. 대개는 증상이 곧 완화되나, 통증이 지속되거나 재발되면 구조요청을 하고 심폐소생술을 준비한다.

(2) 저혈당

대개 당뇨 병력이 있는 환자로 당뇨환자임을 알리는 목걸이나 팔지, 기록카드를 지니고 있거나 사탕이나 설탕을 가지고 있는 경우가 많다. 인슐린 양이 많았거나 심한 운동으로 갑자기 혈당이 낮아지면 어지러움, 무기력, 가슴이 두근거리거나 근육이 떨리는 느낌 등의 증상을 호소한다. 땀이 나고 피부가 촉촉하거나 끈적거리며 맥박이 강하게 뛰고 호흡이 얕아지는 소견을 보인다. 때로 난폭한 행동을 보이기도 한다. 이런 경우 의식이 있다면 환자를 앉게 하고 설탕물이나 사탕, 초콜릿 등 단것을 먹인다. 환자가 상태가 좋아지면 다시 단것을 더 주고 완전히 회복된 것을 느낄 때까지 쉬게 한다. 의식이 없다면 심폐소생술을 하고 회복자세를 취하게 한 뒤 구조요청을 한다.

(3) 동상

영하의 기온에서 건조하고 바람 부는 장소에서 움직이지 않을 때 잘 걸린다. 신체 말단 부위의 조직이 얼어서 처음에는 바늘로 꼭꼭 찌르는 듯하다가 차츰 감각이 둔해지고 피부가 딱딱하고 뻣뻣해지며 피부색깔이 변한다. 이때는 환부를 서서히 따뜻하게 해주고 동상 부위를 녹일 때는 감싸준다. 환부를 문지르거나 비비지 말며 직접적인 열은 가하지 않는다. 피부색이 돌아오지 않을 때는 환부를 따스한 물에 담그며 물집은 터뜨리지 않는다. 붓는 것을 방지하기 위해 사지를 올려놓고 유지시킨다.

(4) 열피로

더운 환경에서 지나치게 땀을 흘리면 무기질과 수분이 손실되어 두통과 어지러움을 느끼며, 의식이 혼탁해지거나, 식욕이 감퇴되고, 헛구역질을 한다. 환자는 땀을 흘리며 창백해지고 피부가 축축해지며 호흡과 맥박이 빠르고 약해지는 등의 소견을 보인다. 이때는 환자를 시원한 장소로 옮기고 다리를 높게 올려준다. 옷은 느슨하게 해주며, 선풍기나 부채를 이용해 열을 식혀주고 수분과 무기질을 보충해준다.

(5) 열사병

더운 환경에 오래 노출된 경우 뇌에 체온조절 중추의 기능장애가 일어나 의식이 급격하게 소실되고 신체가 위험할 만큼 더워진다. 두통이나 어지러움, 불편함을 호소하며 초조해하거나 의식이 혼미 해지고, 뜨겁고 빨갛고 마른 피부를 보이며 맥박이 불규칙해진다, 때로 체온이 40℃ 이상을 나타낸다. 이때는 환자를 빨리 시원한 곳으로 옮기고 젖은 천으로 덮은 뒤 계속 천 위로 물을 뿌려주어 가능한 빨리 체온을 낮춰준다. 응급구조 요청을 가능한 빨리 하도록 한다.

(6) 쇼크(shock)

심근경색 등의 질환으로 인해 심장의 펌프기능이 약해져서 혈액순환이 감소되거나, 심한 출혈이 있을 때, 설사나 구토를 심하게 했을 때, 화상 등으로 인해 목을 순환하는 혈액량이 감소될 때 쇼크가 일어난다. 초기에는 맥박이 빠르고 피부가 회색빛으로 창백하고 끈적거리며 차갑고 식은땀이 난다. 쇼크가 진행되면 기운이 없어지고, 어지러우며, 구역질과 구토, 갈증이 일어나고, 맥박과 호흡이 약해지고, 빨라지게 된다. 심해지면 안절부절 못하거나 불안해하며, 하품을 하거나 헐떡거리다가 의식장애가 일어나고 결국 심장이 정지되어 사망하게 된다. 이런 환자를 보면 먼저 지혈 등을 통해 원인을 치료하고 머리를 아래로 눕히고 다리는 올려준다. 몸을 조이는 벨트나 옷을 풀어주고 보온을 해주며 의식과 호흡, 맥박을 자주 확인하면서 심폐소생술을 준비한다.

5. 기본 심폐소생술

현대 의학 중에서 가장 놀라운 사실은 '돌연사'는 언제나 역전환이 가능하다는 것이다.

그보다도 더 놀라운 일은 의학의 이 기적은 누구나, 어디서나 손과 폐와 두뇌를 사용하면 실시할 수 있다는 것이다.

심폐소생법(CPR)은 적절한 방법으로 민첩하고 신속하게 실시하면 환자가 구급대나 의사의 조치를 기다리는 동안, 그 환자의 생명을 구하는데 많은 도움이 된다.

이 교재는 최신의 정보를 바탕으로 하여 작성된 것이다. 자기의 심장과 혈액순환 시스템이 어떤 기능을 하는가를 알게 됨으로서 어떠한 생활 태도가 심장병을 예방하는데 도움이 되는가 하는 것을 알게 될 것이다. 또 이 교재로 심장발작이나 뇌졸중의 경고를 판단하는 방법, 심장발작이나 뇌졸중이 일어났을 경우에 대응하는 방법, 호흡곤란이나 기도폐쇄(이물에 의한 기도폐쇄)에 대한 처치방법을 배울 수 있다.

이 책을 읽는 여러분은 CPR 기술을 익히려고 이미 마음을 먹고 읽고 있을 것이다. 자기가 아끼고 사랑하는 사람 중에 심장병으로 고통을 받고 있는 사람이 있을 지도 모른다. 그리고 직업상 구급조치기술을 익혀야 할 필요가 있을 지도 모른다. 아니면 많은 사람들이 CPR 트레이닝을 받는 이유와 마찬가지로 당신도 CPR 기술을 익힘으로써 지역사회를 위해 보다 유익한 일원이 될 것이라고 믿고 있는 지도 모른다. 이유야 어찌됐든 간에 CPR이 인명을 구한다는 것은 명기해야 할 중요한 사실이며, 노력과 공부로 어느 정도는 성과를 올릴 수가 있다.

심장이 정지해도 신속하게 CPR을 실시함으로 해서 그 사람이 보람 있는 생활로의 복귀는 가능하다. CPR을 하지 않으면 뇌 속의 산소가 결핍되어서 영구 뇌장애를 일으키게 된다. 인명구조에는 시급히 구급기관에 통보하는 일과 CPR을 신속하게 실시하는 것이 관건이 된다.

1) 구명의 단계(Chain of Survival)

심장발작을 일으켰을 때 대부분의 경우, CPR만으로는 구명이 불충분하다. 그러나 구명의 단계 내에서 보다 고도의 의료지원이 도착할 동안 환자의 생명을 지속시키는 일이므로 매우 중요한 연결행위이다. 구명의 단계는 다음과 같은 순서로 실시된다(구급 의료기관으로의 조기 통보, 조기 CPR, 제세동기의 조기 사용, 조기 고도 의료처치).

최초의 두 가지 구명의 단계(조기 통보(119번)와 조기 CPR)은 여러분이 할 수 있는 응급처치이다. 조기 제세동과 조기 고도 의료처치는 여러분의 연락을 받고 치료에 관여하는 숙

| Early
Acces
조기 통보 | Early
CPR
조기 CPR | Early
Defibrillation
조기 제세동 | Early
Advanced Care
조기 고도의료처치 |

＊**그림 2-7** 구명의 단계

련된 구급대나 구급의사가 하는 일이다. 효과적인 심장병 구급처치는 이 네 가지 단계의 강력한 연대로 이루어진다. 이 네 가지 단계 중에서 한 가지 단계라도 빠지거나 약해지면 구명의 기회가 저하되고 만다.

(1) 조기 통보(119번)

먼저 그 자리에 있던 사람(현장구조자)은 긴급사태가 발생했다는 것을 판단할 줄 알아야 한다. 심장발작이나 뇌졸중의 징후라는 것을 조기에 판단하여 그 이상의 악화를 막도록 노력하고 환자를 안심시키는 것이 치료의 제1보이다.

긴급사태라고 판단했을 경우, 현장구조자(혹은 가능하면 환자 본인)가 구급의료기관에 연락한다. 이것은 흔히들 말하는 '먼저 전화'를 하는 일이다. 어린이의 경우에는 이것이 약간 변경되어 '시급히 전화'로 되어 있다(뒤표지에 여러분의 지역 구급의료기관의 전화번호를 기입해둔다). 전화로 구조를 요청할 때에는 다음과 같은 사항을 오퍼레이터에게 알린다.

① 긴급사태가 발생되어 있는 장소의 소재지, 근처의 거리 이름, 또는 표적이 되는 건물이나 장소
② 사용하고 있는 전화기의 번호
③ 무슨 일이 일어났는가?(심장발작, 교통사고, 추락 등)
④ 구급처치가 필요한 환자의 수
⑤ 환자의 상태
⑥ 현재 어떤 처치를 하고 있는가?

상대가 전화를 기다린 다음 전화를 끊는다. 대부분의 지역에서는 숙련된 디스패처가 구급대가 도착하기까지의 다음 단계를 지도해준다.

***그림 2-8** 조기통보

(2) 조기 CPR

여기에서는 CPR 방법을 배우도록 한다.

- 호흡이 정지되어 있는 환자의 폐에 공기를 들여보내는 인공호흡법
- 심장발작을 일으키고 있는 환자의 혈액을 순환시키는 흉부 압박에 의한 심장마사지법과 그 타이밍

***그림 2-9** 조기 CPR

(3) 조기 제세동(AED)

구급 의료기관에 조기 통보를 함으로써 심장에 전기쇼크를 가하는 제세동기를 구비한 구급대가 조기에 도착할 수가 있다. 어른의 심장발작 초기에 일어나는 이상 심장리듬의 태반을 '심실세동(Ventricular Fibrillation)'이라고 부르고 있다. 이런 이상 상태에서는 심장의 고동리듬에 이상이 생겨 심장이 혈액을 내보내지 못하게 된다. 이 이상 리듬상태에서 가장 효과적인 치료법은 제세동기이다.

이 쇼크가 가해지는 것이 빠르면 빠를수록 환자의 구명률이 높아진다. 미국 국내에서는 이 조기 제세동 프로그램으로 보다 많은 사람들의 생명이 구해지고 있다.

① AED란 무엇인가?

자동 제세동기(AED)는 급심정지와 같은 응급한 심장질환으로 심장이 박동을 멈추고 산소공급 중단될 때 자동으로 환자의 심장 상태를 분석하고 필요에 따라 전기충격을 전달하여 심장의 기능을 회복하도록 설계된 의료장비이다. 연간 30만 명 이상의 미국인이 심장마비 경험이 있고 그 중의 대부분은 심폐소생술과 같은 신속한 조치(발병 후 4~7분 이내)를 받지 못하고 목숨을 잃어가고 있다. 만일 그들이 적절한 심장 제세동 조치를 받았더라면 심장마비 희생자 중 3/4 정도는 소생될 수 있었다고 추정된다.

② AED의 작동원리

자동 제세동기는 스스로 환자의 심장 리듬을 분석하여 전기충격이 필요로 할 때를 포착, 인가하는 자동 설비기기이다. 환자의 심장이 심실세동 또는 (무맥성)심실빈맥일 경우에 전기 충격을 인가하며 이러한 전기충격은 수차례 되풀이 되는 과정격을 정상 박동으로 복구된다. 만일, 심장 리듬이 전혀 읽히지 않을 경우엔 전기충격이 필요치 않아 인가되지 않으며, 리듬은 있지만 심실세동이 아닐 경우에도 역시 인가되지 않는다.

(4) 조기 고도 의료처치

조기 고도 의료처치는 기본적인 생명 유지와 보다 전문적인 치료를 포함해서 의사, 간호사 파라메딕(paramedic), 기타 훈련을 받고 있는 구조자에 의해서 실시되고 있다.

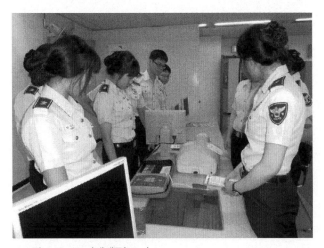

ㅈ그림 2-11 조기제세동(AED)

6. 심장과 폐

1) 심장의 구성과 기능

심장은 주먹크기 정도의 근육으로 구성되어 가슴 중앙, 흉골과 척수 사이에 위치하고 있다. 그리고 관상동맥은 심장의 근육으로 혈액을 공급하는 기능을 가지고 있다.

심장의 기능은 먼저 혈액을 폐로 보내어 그곳에서 혈액이 산소를 받아들이게 한 다음, 몸 전체에 혈액을 보내어 그 혈액에 의해서 운반되는 산소를 몸속에 공급하는 일이다. 어른의 심장은 1분에 약 5쿼츠(5 리터)의 혈액을 퍼내고 있다. 체내의 세포는 각자의 기능을 수행하기 위해서 산소를 필요로 하고 있다. 심장이 정지하여 혈액을 퍼내지 못하게 된 상태(심폐정지)에서는 산소가 순환되지 못해서 뇌나 기타 중요한 기관에 저장되어 있는 산소가 급속하게 소비되어 버린다. 심맥은 자연스럽게 생기는 전기자극으로 일어나며 건강한 어른의 안정 상태에서는 1분 동안 60~100회를 뛴다. 운동중인 사람의 심장은 평균 1분간에 25.5쿼츠(25리터)의 혈액을 퍼낸다.

폐는 모세혈관으로 둘러싸여 있으며 공기를 머금은 수많은 주머니(폐포)가 모여서 이루어져 있다. 뇌에서 보내지는 자극이 횡격막과 늑간근을 자극하여 호흡을 촉진시킨다. 호흡을 할 때마다 공기가 기도(코, 입, 인후, 후두, 기관, 기관지)를 통해서 폐의 공기포로 보내진다.

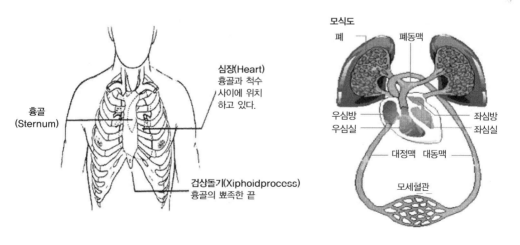

* **그림 2-12** 심장의 위치　　　　　　　　* **그림 2-13** 심장과 혈액순환 시스템

2) 폐의 구성과 기능

해발 0m에서는 공기의 약 21%가 산소이다. 폐포에 공기가 들어가 부풀게 되면 산소가 폐포를 둘러싸고 있는 모세관의 혈액 속으로 들어간다. 그리고 산소를 머금은 혈액은 심장으로 되돌아와서 몸속으로 내보내진다. 몸속의 세포는 혈액으로부터 산소를 받아들이고 대신 폐기물인 이산화탄소를 혈액 속에다 방출한다. 그 후에 이산화탄소는 혈액에 의해서 폐로 운반되어 그곳에서 체외로 내보내진다. 그리고 공기가 흡입될 때 산소의 약 1/4이 혈액으

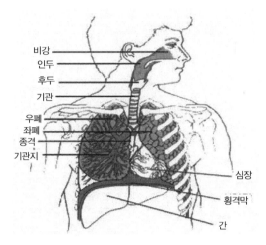

비강
인두
후두
기관
우폐
좌폐
종격
기관지
심장
횡격막
간

* **그림 2-14** 기도의 구성

로 들어가고 나머지는 모두 내뱉어진다. 이것이 마우스 투 마우스(입에서 입)인공 호흡으로도 환자에게 충분히 필요한 산소를 공급할 수 있는 이유이다.

호흡이 정지되어도 심장은 수분 동안은 계속적으로 혈액을 퍼내어 저장해 두었던 산소를 뇌나 기타 몸으로 내보낸다. 그러므로 조기에 민첩하고 신속한 구명처치로 호흡정지나 기도폐쇄(이물에 의한 기도폐쇄)를 일으키고 있는 환자의 심장정지(심장발작)를 방지할 수 있다.

7. 심장관련 질환과 예방

1) 심장 관상동맥질환

심장 관상동맥질환은 심장근육에 혈액을 공급하는 동맥을 침해하는 병이다. 이것은 동맥의 내벽에 조금씩 지방이 퇴적되어 일어나는 아테롬성 동맥경화증에서 기인하는 병이다. 아테롬성 동맥경화는 동맥 관을 차츰 막히게 하여 혈액의 흐름을 저하시킨다. 이런 현상은 수도관이 석회로 인해서 막혀 결국은 완전히 수도관이 폐쇄되어 버리는 현상과 흡사

하다. 이 병은 심장(심장발작의 원인)이나 뇌(뇌졸중의 원인)를 포함한 몸의 여러 부분에서 일어난다.

혈액의 흐름이 동맥경화로 눈에 띠게 저하되면 혈액이 좁아진 혈관을 통과하려고 할 때 혈액의 덩어리가 되어 버리는 일이 있다. 그렇게 혈액의 덩어리가 생기게 되면 갑자기 혈액의 흐름이 정지되어 버린다.

(1) 아테롬증

일반적으로 동맥경화증이라고 부르고 있는 진행성 아테롬은 동맥의 내벽에 축적되어 버린다. 아테롬증에서는 지방이나 기타 물질이 동맥관의 내벽에 축적되어 동맥관이 두꺼워져서 단단해져 버린다. 이 때문에 혈액이 통과하는 관이 좁아져서 혈액에 공급량이 감소한다. 그래서 혈액의 덩어리는 좁아진 혈관을 통과하지 못하게 되어, 혈액공급이 방해를 받아 관상 동맥으로부터 혈액을 받고 있는 심장의 근육세포가 죽게 된다.

아테롬증은 젊었을 때부터 시작된다. 20세 이전에 이미 큰 병을 가지고 있는 사람도 있다. 아테롬증의 진행은 아래에서 말하는 것과 같은 위험요인으로 인해서 가속화 된다(담배, 비만, 당뇨, 운동부족, 고혈압 등).

심장의 기능이 악화될 때까지 아무런 이상 징후를 보이지 않는 시기가 있다. 그것은 동맥혈관은 느린 속도로 좁아져가기 때문이다. 위에서 말한 위험요인을 변경하거나 아니면 제거함으로써 아테롬증의 진행을 정지 또는 회복하는 방향으로 전환할 수도 있다. 관상동맥증은 일반적으로 협심증, 심근경색 돌연사의 세 가지로 나눌 수 있다.

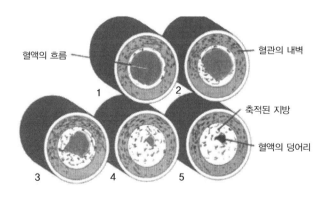

**그림 2-15 아테롬증

① 협심증

관상동맥증 환자 중에는 일시적으로 가슴의 압박감이나 통증을 느끼지만 휴식이나 니트로글리세린으로 해소가 되는 사람이 있다. 이러한 증상을 협심증이라고 부른다. 이것은 관상동맥이 좁아져서 심장근육이 기능을 하는데 필요한 양의 혈액 공급이 일시적으로 불충분하게 되었을 때에 일어난다. 그러나 심장근육의 혈액 수요가 감소하면 통증은 사라지며 보통 심장의 영구적인 장애는 없다.

② 심근경색

일반적으로 심근경색은 관상동맥의 동맥관이 혈액의 덩어리로 완전히 막혀 버렸을 때에 일어난다. 그런 결과로 동맥에 의해서 혈액 공급을 받고 있는 심장의 근육세포가 죽어 버린다. 급성 심근경색은 '심근의 죽음'을 뜻하는데 이것은 충분한 혈액 공급이 되지 않기 때문에 일어나며 일반적으로 '심근경색'으로 알려져 있다. '관상동맥'이라든가 '관상동맥혈전증'이라는 말은 심근경색에 관해서 흔히 사용되는 표현이다. 혈액의 덩어리를 녹이는 새로운 약이 진행중인 심근경색을 방지할 수 있지만 징후가 나타나고부터 1시간 이내이지만 심근경색의 징후가 나타나고부터 6~12시간 내에 투여하기만 하면 그래도 얼마간의 효과는 있다

③ 돌연사

전에는 전혀 심장병의 징후가 없었는데도 갑자기 심장발작으로 사망하는 사람이 적지 않다. 심장의 정지란 심장이 펌프의 기능을 수행하지 못하는 상태를 말한다. 심장이 정지하면 호흡도 동시에 정지해 버린다. 돌연사는 심장발작에서 기인하며 일반적으로 심장발작의 징후가 나타나고부터 1~2시간 이내에 일어난다. 그러나 심장발작과 관계없이 돌연사가 되는 쪽이 많다. 단, 이와 같은 돌연사의 경우는 아테롬증을 가진 환자가 거의 대부분이다.

| 돌연사의 주된 원인 |

현재는 돌연사에 직면하고 있는 환자의 20% 이하가 구명되고 있다. 이 상황을 향상시킬 수 있는가의 여부는 현장 구조자에 의해서 좌우된다. 긴급사태라는 것을 판단하고 시급히 구명의 고리(Chain of Survival)를 실시(구급 의료기관에 알리고 CPR을 시작)함으로써 긴급사태에 처해 있는 환자가 살아날 수 있는 기회를 향상시킬 수 있다.

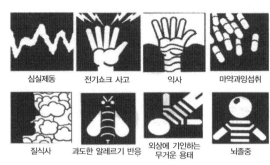

심실제동　　　전기쇼크 사고　　　익사　　　마약과잉섭취

질식사　　　과도한 알레르기 반응　　　외상에 기인하는
무거운 용태　　　뇌졸중

✱✱ **그림 2-16** 돌연사의 원인

2) 심장발작의 위험요인

심장발작이 일어날 기회를 증가시킬 몇 가지 위험요소가 있다. 그 중에는 변경을 할 수 있거나 제어할 수 있는 위험요소가 있는가 하면, 할 수 없는 요소도 있다. 심장발작의 위험요소는 다음과 같다.

심장 발작의 위험성은 그 위험 요소가 늘어나는 데 따라서 증가한다. 그러므로 그 위험요소가 감소되면 관상동맥질환의 위험성을 저하시킬 수 있으며 때로는 병에서 합병되는 방향으로 갈 수도 있다.

남성이 심방발작을 일으킬 위험성이 여성보다 더 높지만, 여성도 가능한 위험 요소를 피할 수 있도록 잘 조절하는 것이 중요하다. 일단 심장발작이 일어나면 여성의 구명률은 낮아서 요즘은 여성의 사망원인 제1위가 심장병이다.

(1) 변경할 수 없는 위험요인

• 유전성
• 남성
• 연령

(2) 변경이 가능한 주된 위험요인

• 흡연
• 고혈압
• 혈액 속의 콜레스테롤 수치
• 운동

(3) 기타의 원인

- 당뇨병[2]
- 비만
- 스트레스

3) 건강한 심장관리(당신이 심장발작를 제어한다!)

　건강한 심장관리는 장래 오게 될 지도 모르는 심장병의 위험성을 최소한으로 방지할 수 있는 생활태도이다. 미국에서는 살이 너무 쪄서 주로 앉아서 생활을 하고, 지나치게 담배를 많이 피우는 사람들이 너무 많다. 또 혈액속의 콜레스테롤이나 다른 지방물질의 수치가 높아서 고혈압인 사람도 많다. 미국인들은 어릴 때부터 비건강적인 생활태도가 몸에 배어 일생 동안 심장이 위험 속에 노출되어 있다, 어린이들 중에는 일찍부터 콜레스테롤과 칼로리가 높은 식품에 대한 기호를 발달시켜 폭식하는 버릇이 이미 몸에 배어 있는 경우도 적지 않다. 또 충분한 운동을 하지 않는(텔레비전을 지나치게 보는) 경우도 많다. 흡연을 10대 초부터 시작하는데, 특히 부모가 담배를 피우면 그 자녀도 자연히 담배를 피우게 되기 쉽다.

　위험요인을 떨어뜨리는 것은 뇌졸중이나 심장발작이 위험성을 감소시키는 것과 연결되며 전반적으로 건강한 몸을 만들어 가족 전원의 이익과도 연결된다. 특히 어릴 적부터 건강적인 생활 태도를 부모에게서 배워 몸에 익히는 것은 그 어린이에게 커다란 이점이 된다.

　미국의 사망원인 제1위는 아직도 심장발작(관상동맥증)이다. 그러나 이전에 비해서 지금은 보다 많은 구명방법이 있다. 연령별로 조정한 통계를 보면, 지난 20년 동안에 관상동맥증에 의한 사망률의 현저한 저하(49%)를 볼 수 있다. 여기에는 몇 가지의 이유가 있다. 그 한 가지로는 심장병을 의학적으로 억제할 수 있는 약이 있다는 것이다. 또 한 가지 이유는 건강한 생활태도(건강한 심장관리)에 의해서 위험률이 저하되었다는 것이다. 위험요인을 억제하는 것은 일반적으로 심장질환에 의한 사망률을 내린다. 그러므로 젊었을 때부터 그것을 몸에 익히는 일이 가장 큰 영향을 준다.

　다음에서 말하는 것은 건강한 심장관리를 위한 다섯 가지 방법이다.

---

2) 당뇨병에서 기인하는 혈액속의 당분은 컨트롤이 가능하지만 심장병의 위험성을 제거할 수는 없다.

(1) 금연

미국 내에서 담배는 사망원인 중에서 피할 수 없는 가장 큰 요인이다. 담배를 피우는 사람은 담배를 피우지 않는 사람에 비해서 갖가지 병으로 사망하는 위험성이 훨씬 높다. 심장발작의 위험성은 2배 이상 증가하며, 갑작스런 심장마비로 사망률은 4배나 높다. 금연을 하면 심장병의 위험성은 급속하게 저하되어 수년 후에는 담배를 전혀 피운 적이 없는 사람과 동등할 정도로 사망률이 떨어진다.

담배를 피우거나, 기타 담배제품을 사용하기 시작하는 시기가 빠르면 빠를수록 장래의 건강에 대한 위험성이 커진다. 10대의 젊은이들은 동료의식이 강해서 동료의 영향으로 담배를 피우기 시작하는 일이 많으므로 그 유혹에서 이겨내기 위해서는 부모의 좋은 본보기가 매우 중요하다.

다른 사람이 피우는 담배연기를 마시는 '2차적인 흡연'도 흡연과 관련되는 병의 위험성을 증가시키는 요인이 되고 있다. 그래서 공공시설, 건물, 병원, 식당, 기업의 대부분이 금연을 실시하고 있다. 이런 노력에 의해서 종업원이나 손님은 적극적인 흡연이건 소극적인 흡연이건 모두를 흡연자로 만들 수 있다는데 인식을 같이 해야 할 것이다, 공적인 보험기관의 끊임없는 노력은 담배에서 기인하는 사망이나 장해를 감소시키는데 도움이 될 것이다.

(2) 고혈압의 조절

고혈압을 조절하는 것은 심장 발작의 위험성과 크게 관련이 있다. 고혈압증을 치료하지 않고 그냥두면 건강에 큰 위험이 따르게 된다. 결과적으로 심장의 혈관이나 신장이나 기타 내장기관에 해를 준다. 고혈압은 뇌졸중, 심장발작, 신장질환의 원인이 될 위험성이 높다. 고혈압이 다른 질병의 원인, 예를 들면 비만, 담배연기를 마시게 되는 환경, 고콜레스테롤, 운동부족, 당뇨병 등과 합쳐지면 심장병이나 뇌졸중의 위험성이 크게 증가한다.

고혈압의 근본 원인은 잘 알려져 있지 않지만 일반적으로 고혈압은 억제 가능한 증상이다. 치료 방법으로는 식생활을 바꾸거나 운동량을 늘리는 것을 들 수 있다. 그러나 식생활 변경이나 운동량의 증가로도 고혈압에 효과가 없을 때는 혈압을 내리는 약을 사용하는 일도 있다. 정기적으로 건강진단을 받아야 한다는 것의 중요성이 여기에 있다. 자기가 고혈압이라는 것을 알고 있으면 유해한 영향에 대해서도 적절하게 대응할 수가 있다.

(3) 포화지방의 섭취량을 줄인다

콜레스테롤은 체내에서 만들어지는 물질이다. 또 콜레스테롤은 우리가 일상 먹고 있는 식품에서도 함유되어 있다. 육제품, 특히 계란의 노른자위나 내장물류(간, 신장, 뇌수 등)에 많이 함유되어 있다. 남는 콜레스테롤이 동맥관이 내벽에 부착되면 아테롬증이라고 해서 혈관이 좁아지는 상태가 된다.

살코기, 버터, 치즈, 크림, 우유 등에 함유되어 있는 포화지방은 혈액 속의 콜레스테롤 수치를 증가시키는데 영향이 있다. 그것과는 반대로 고도 불포화유지(코코넛, 야자, 야자열매 이외에의 야채류에서 채취한 유지류)는 일반적으로 콜레스테롤 수치를 내리는 작용을 가지고 있다. 목표는 아무튼 식품에 함유되어 있는 포화유지류를 가능한 피하는 것이다.

식품에는 대부분 포화유지가 함유되어 있기 때문에 포화유지류를 완전하게 피한다는 것은 불가능하지만 아래에서 말하는 사항에 대해 조심을 하면 포화유지류의 소량섭취가 가능하다

① 닭고기류나 어류를 먹는다. 닭고기류는 껍질을 벗겨버리고 조리한다. 살코기류(쇠고기, 돼지고기, 양고기)를 먹을 때는 지방이 적은 고기를 소량 선택하여 여분의 지방을 잘라낸다.

② 조리를 할 때는 사용하는 기름의 양을 되도록 적게 하고 사용하는 기름은 잇꽃, 유채, 옥수수, 대두에서 채취한 고도 불포화유지에 한정한다.

③ 스킴 탈지유(밀크)제품을 사용한다.

④ 계란의 섭취량을 1주일에 3개 이하로 제한한다. 가능하면 계란의 대용품(콜레스테롤이 없는 것)을 사용한다.

⑤ 되도록 기름을 사용하지 않는 조리방법을 쓴다. 예를 들면 오븐에다 굽거나 브로일러(식용 육계), 찜구이 등 기름에 튀긴 요리는 가급적 피한다.

식생활 변경을 극단적으로 하지 말 것. 필요한 식품을 극단적으로 빼버리면 도리어 건강에 해가 된다. 유행하고 있는 다이어트는 건강에 해가 되는 일도 있다. 그러나 무리가 없는 식생활 변경이나 정기적인 운동, 콜레스테롤이 포화유지류 섭취에 주의를 함으로써 대부분의 경우 혈액속의 콜레스테롤 수치를 정상치로 내릴 수가 있다.

(4) 정기적인 운동

항상 앉아서만 생활을 하고 있는 사람은 정기적으로 활발한 운동을 하고 있는 사람에 비해서 심장발작의 위험성이 높다. 운동을 하는 것은 근육 상태를 조정하고, 순환기를 자극하고, 비만을 방지하여 전반적으로 기분을 향상시키는데 효과가 있다. 그래서 심장발작이 일

어나도 정기적으로 운동을 하고 있는 사람이 운동을 하지 않는 사람에 비해서 구명률이 높다.

그렇다고 해서 갑자기 몸에 익지도 않은 눈치우기와 같은 운동이나 테니스 등을 하라는 말은 아니다. 운동 프로그램을 짜서 하기 전이나, 혹은 심한 육체노동을 하기 전에 의사와 상의를 해야 한다. 그러면 의사는 여러분의 육체적인 컨디션을 평가하려고 테스트를 추천할 지도 모른다. 어떤 운동 프로그램이라도 무리가 되지 않도록 천천히 운동량을 늘려가도록 해야 한다.

처음에는 아무래도 차를 타야만 할 필요가 있을 때 외에는 되도록 빠른 걸음으로 걷도록 힘쓴다. 의사와 상의하여 승낙을 하면 여러분이 즐기는 스포츠를 하는 것도 좋다.

(5) 체중 조절

대부분의 사람들은 21~25세에 어른인 성인체중에 도달한다. 그 이후에는 체중을 유지하기 위한 필요 칼로리는 해마다 떨어진다. 그러나 30대나 40대인 사람이 20대 초 무렵과 동등한 양을 먹는데다가 운동량의 감소가 겹쳐서 여분의 칼로리가 지방이 되어 체내에 축적된다.

비만인 사람의 수명은 일반적으로 비만이 아닌 사람에 비해서 짧다. 비만인 40대의 남성은 정상 체중인 40대의 남성에 비해서 심장발작으로 사망하는 위험률이 3배나 높다. 비만은 고혈압, 고콜레스테롤, 당뇨병의 위험성을 증가시킨다.

그러나 극단적인 다이어트는 건강한 몸을 유지하는데 필요한 영양을 함유한 식사마저도 뺏어가버리기 때문에 도리어 건강을 해치는 결과가 된다. 가령 일시적으로 살이 빠졌다 해도 체중 유지를 위한 건강적인 식생활을 몸에 익히지 못한다. 그러므로 지방류를 조절함으로써 자기에게 알맞은 체중을 유지할 수가 있을 것이다. 만약 감량을 하고 싶다고 생각했을 경우에는 의사의 조언을 받는 것이 좋다.

4) 심장발작을 판단하는 방법

누군가가 심장발작을 일으켰을 경우에는 단 일초라도 시간을 허비해서는 안 된다. 특히 최초의 몇 분이 중요하다. 재빨리 심장발작의 징후를 파악해야 한다. 심장발작의 가장 일반적인 징후는 흉부의 기분이 나빠진다는 것이다.

그것은 아래와 같은 특징을 가지고 있다.

① 느낌 : 흉부에 답답한 압박감, 가슴속이 꽉 차버린 느낌, 조여붙이는 것 같은 느낌의 통증

② 부위 : 위에서 말한 느낌이 흉부의 중앙부, 흉골의 안쪽에서 시작되어 어깨, 목, 턱아래, 팔 등으로 퍼져가는 일이 있으며 반대로 이런 부분에서 시작되는 일도 있다.

③ 지속 시간 : 심장발작의 징후는 수 분간보다 더 오래 계속되는 일도 있으며, 징후가 나타났다 사라졌다 하기도 한다.

심장발작의 다른 징후로는 다음과 같은 것들을 들 수 있으나 때로는 이 중 몇 가지나 혹은 모두가 일어나며 때로는 전혀 없을 때도 있다.

• 어지럽고 흉부의 기분이 나쁘다.

• 기절을 한다.

• 메스껍다.

• 땀이 난다.

• 숨이 찬다.

심장발작이 일어날 때에는 반드시 이런 증상이 일어난다고는 하지 못한다. 만약 이런 증상 중 한 가지라도 나타나면 지체 없이 긴급 구조를 요청해야 한다. 시간의 허비는 죽음과 연결된다.

대부분의 환자는 자기가 심장발작을 일으키고 있다는 것을 인정하지 않고 싶어 한다. 흔히 있는 반응은 "소화불량이거나 아니면 먹는 것이 체한거야.", "내게는 일어날 리가 없다.", "나는 건강하니까 의사에게 보일 정도는 아니야.", "조금 과로했을 뿐이야.", "남편 혹은 아내에게 걱정하게 하고 싶지 않다.", "집에 있는 약으로 어떻게 해보자.", "심장발작이 아니라면 꼴사납다."라고 생각 한다. 만약 본인이 이렇게 심장발작이 아니라고 이유를 댈 때가 적극적인 행동을 취해야 할 때라고 하겠다.

본인은 자기에게 가장 좋은 처치를 하려고 하지 않으려고 하기 때문에 옆에 있던 사람이 구급의료기관에 통보하고, 필요하다면 CPR을 실시할 마음가짐과 준비를 해야 한다. 만약 당신이 있는 자리에서 누군가가 심장발작의 징후를 나타내고 그 징후가 수초 이상 계속되는 경우에는 즉시 행동을 개시해야 한다.

구급의료기관에 알린 후에 제일 먼저 취해야 할 행동은 환자를 조용히 쉬게 한다. 왜냐

하면 협심증이건 심근경색이건 심장근육에 공급되고 있는 산소가 부족했을 때에 일어나기 쉽기 때문에 심장의 산소 수요를 극소화하기 위해서 환자의 움직임이나 공포심을 최소한으로 해두는 것이 필요하다. 환자를 가장 안락한 자세로 그리고 가장 쉽게 호흡을 할 수 있는 자세로 해둔다.

8. 뇌졸중

1) 뇌졸중의 경고

뇌졸중은 갑자기 나타나는 흔히 있는 뇌의 병이다. 이 증상은 혈관이 폐쇄되거나 파열된 결과로 일어난다. 대부분의 경우 동맥관에 혈액의 덩어리가 생기는 데서 기인한다. 사망과 신체 장애의 주된 원인 중 하나이며, 인공호흡과 마사지를 조속히 필요로 하는 증상이다. 주로 고령자에게 많지만 최근엔 연령을 불문하고 닥친다. 그러므로 급히 구명처치를 하기 위해서라도 뇌졸중의 초기 징후를 알아두는 것이 중요하다.

뇌졸중의 경고나 징후는 다음과 같다.

- 몸의 한쪽 반신, 얼굴, 팔, 다리가 갑자기 힘이 빠진 상태가 되거나 저리게 된다.
- 말을 똑똑히 못하게 되거나, 말끝이 흐려져서 알아듣기 어렵다거나. 뜻을 모를 말을 지껄인다.
- 이유 없이 현기증이 나고 불안정하거나 쓰러진다.
- 한쪽 눈의 시력이 쇠퇴한다.
- 의식을 잃는다.

평소에는 경험하지 않았던 갑작스러운 두통(극심한 고통의 두통)은 뇌출혈의 중요한 경고이다. 이런 경고는 일시적인 것이며 24시간, 혹은 수 분간 동안 계속되는 일도 있다(과도적 허혈성질환, 또는 TIA). 이러한 경고가 나타났을 경우에는 시급히 적절한 의학치료를 받아야한다. 적절한 약의 투여 혹은 외과수술로 뇌졸중을 방지할 수 있기 때문이다. 만약 환자의 징후가 중태인 경우에는 구급의료기관에 시급히 알릴 것, 이런 징후는 술에 취하거나, 마약, 인슐린 반응, 기타 병의 징후와 유사한 일도 있지만, 가령 일시적인 징후라 할지라도 뇌졸중의 전조일 수도 있다.

가장 효과적인 구명처치는 조기판단, 구급의료기관에 조기 통보, 병원으로 급송 등으로 이어진다. 뇌졸중환자, 특히 의식이 없는 환자의 처치해 관해서는 기초적인 응급처치가 중요하다. 기도가 폐쇄되는 일도 있으므로 즉시 인공호흡을 실시한다.

2) 뇌졸중의 위험요인

(1) 조절이 안 되는 위험요인

① 연령 : 55세 이상인 사람의 뇌졸중의 위험률은 10년마다 2배 이상으로 증가하고 있다.

② 성별 : 여성보다도 남성쪽에 뇌졸중의 위험률이 높다. 여성의 경우는 경구피임약을 사용하고 있으며, 특히 담배를 피우는 여성은 다른 여성에 비해서 위험률이 높다.

③ 병력 : 당뇨병, 이전에 뇌졸중을 앓았던 자, 유전

(2) 컨트롤이 가능한 위험요인

① 고혈압 : 고혈압이 뇌졸중의 가장 중대한 위험요인이다. 그러나 고혈압은 식사조절이나 운동, 혈압강하약 등으로 조절이 가능한 질환이다. 혈압이 높을수록 그 위험도가 높으므로 뇌졸중의 건수 저하는 혈압억제와 관련된다.

② 심장병 : 심장질환은 심장의 펌프기능을 약화시켜 혈액이 덩어리지는 원인이 된다. 관상동맥증의 위험요인(고콜레스테롤, 흡연)은 뇌졸중의 직접적인 위험요인이기도 하다

③ 흡연 : 금연을 하면 뇌졸중의 가능성은 낮아진다.

④ 높은 적혈구수 : 적혈구 수가 너무 많으면 뇌졸중의 위험 요인이 된다. 그 이유는 적혈구수가 증가하면 혈액이 진해져서 덩어리가 생기기 쉽기 때문이다.

⑤ 과도적 허혈성질환(TIAs) : 과도적 허혈성질환은 뇌졸중과 비슷하지만 24시간 이내에 사라지는 증상이다. TIA는 매우 중요한 증상이다. 왜냐하면 TIA는 뇌졸중의 예고이기 때문이다. 이 증상은 일반적으로 혈액 속에 덩어리가 생기는 것을 방지하는 약으로 치료한다.

9. 이물에 의한 기도폐쇄(초킹)

1) 원인

기도쇄폐는 일반적으로 무엇을 먹고 있을 때에 일어난다. 어른의 경우는 특히 육류에 의한 기도폐쇄가 많으며, 어린이나 청·장년의 경우는 기타의 이물에 의한 기도폐쇄가 있다.

2) 위험요인

- 덩어리가 큰 것을 잘 씹지 않고 삼켰을 때.
- 혈액 속에 알콜 성분이 높았을 때.
- 틀니.
- 입속에 먹을 것이나 이물을 넣고 놀거나 울거나 웃거나 말을 하고 있을 때.

3) 예 방

- 식품을 되도록 잘게 썰어 천천히 씹어서 먹는다. 특히, 틀니를 하고 있는 경우에는 조심 할 것,
- 알콜성 음료를 삼키려고 할 때 웃거나 말을 하지 말 것.
- 어린이가 먹을 것이나 이물을 입에 넣고 놀거나, 걷거나, 달리기를 하게 하지 말 것.
- 유아나 어린이의 손이 닿는 곳에는 이물(유리구슬, 장식구슬, 압핀 등)을 놓아두지 말 것.

4) 이물에 의한 기도쇄폐를 판단하는 방법

이물에 의한 기도쇄폐의 응급처치를 성공시키는 관건은 조기에 기도폐쇄가 일어나 있다

는 것을 판단하는 일이다. 정신을 잃고 있다는 것, 경련발작, 과도한 마약사용, 또는 기타 상태의 증상과 기도폐쇄의 차이를 구별하는 것이 중요하다. 왜냐하면 돌연사의 원인이 되는 타 증상의 처치는 기도폐쇄의 응급처치와 다르기 때문이다.

기도가 붓는 증상에서도 기도폐쇄가 일어난다. 이러한 기도폐쇄를 일으키는 병에 걸린 어린이는 시급히 병원에서 치료를 받아야 한다. 이런 경우는 시각을 다투는 사태이므로 기도쇄폐의 응급처치에다 시간을 낭비하지 말고 조속이 병원으로 수송한다. 이물에 의한 기도폐쇄는 부분적 폐쇄와 완전 폐쇄가 있다. 부분적 기도폐쇄는 두 가지가 있는데 '환기 가능'의 경우와 '환기 결핍'의 경우가 있다. '환기 가능'의 경우에는 환자는 의식이 있으며, 기침을 몹시 하면서도 호흡이 가능한 상태이다. 그러나 기침을 하면서도 자주 헐떡이는 일이 있다. '완전 기도폐쇄'인 경우에는 환자는 말도 기침도 하지 못한다.

기도폐쇄를 뚫지 못할 경우에는 전문가의 치료가 필요하기 때문에 응급처치를 해도 기도가 열리지 않을 경우에는 시급히 구급 의료기관에 연락한다.

10. CPR의 기술

조기에 실시되는 CPR은 갑자기 닥치는 심장정지와 호흡 정지에서 구급의 단계에서 매우 중요한 링크(link)이다. CPR은 구강(입에서 입으로 하는 인공호흡, 혹은 다른 방법으로 하는 인공호흡) 인공호흡과 흉부에 압박을 가하는 심장마사지를 조합하여 실시된다. CPR은 구급의료 기관의 적절한 의학치료가 시작되기 전에 산소를 함유하고 있는 혈액을 뇌나 기타 중요 기관에 보내는 역할을 한다.

심장마비가 일어나면 수초 사이에 환자는 의식을 잃는다. 구급의료에의 조기 연락, 조기 CPR, 조기 제세동, 그리고 조기에 고도 의료처치를 함으로써 그 환자에게 구명의 기회가 주어진다.

CPR 테크닉에는 세 가지의 기본인 CPR의 ABC가 있다. A는 Airway(기도확보), B는 Breathing(인공호흡), C는 Circulation(심장 마사지)이다.

1) Airway(기도 확보)

소생법을 성공시키는데 첫 번째의 관건은 즉시 머리를 적절한 자세로 두게 함으로 해서 기도를 확보하는 것이다. 의식이 없는 환자의 기도폐쇄의 가장 큰 원인은 혀 속 깊은 곳과 후두개이다. 혀는 하악과 직접 연결되어 있으며 후두개는 간접으로 이어져 있기 때문에 머리를 뒤쪽으로 젖히고 턱을 위로 밀어올림으로써 혀와 후두개

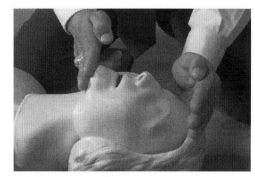

그림 2-17 기도확보

를 목 후방에서 들어 올리는 형태가 되는데, 대부분의 경우 기도가 확보된다.

2) Breathing(인공호흡)

호흡이 정지되면 체내에서 남는 산소란 폐 속에 잔류하고 있는 산소와 혈액 속에 있는 산소뿐이다. 그 때문에 호흡이 멈추면 그 직후에는 죽음이 온다. 구강 대 구강의 인공호흡은 환자의 폐에 산소를 들여보내는 가장 간단한 방법이다. 여러분이 뱉어내는 숨에는 환자가 필요로 하고 있는 양 이

그림 2-18 인공호흡

상의 산소가 함유되어 있다. 그러므로 인공호흡은 환자가 스스로 호흡을 할 수 있게 될 때까지, 또는 구급대나 의사가 도착할 때까지 계속해야 한다.

- 만약 환자가 의식은 없어도 호흡을 하고 있을 경우에는 그 용태가 외상으로 중태가 아니라면 환자의 몸을 옆으로 뉘어서 혼수체위로 하여 쉬게 한다.
- 만약 환자에게서 맥박이 있을 경우에는 기도확보 자세를 유지시키며 환자에게 인공호흡을 한다.
- 만약 환자의 심장이 정지되어 있는 경우에는 인공호흡 플러스 심장마사지를 한다.

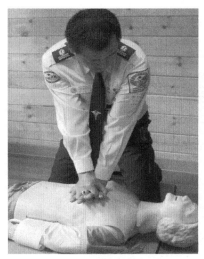
***그림 2-18** 심장 마사지

***그림 2-19** 혼수체위

3) Circulation(심장 마사지)

흉부를 압박함으로서 어느 정도는 폐, 뇌, 순환동맥으로 가는 혈액의 흐름을 유지할 수가 있다. 흉부 압박에 의한 심장마사지를 실시하는 경우에는 함께 인공호흡도 한다.

4) 혼수체위

소생법을 실시한 결과로 환자가 호흡을 하기 시작하고 맥박도 뛰는 상태가 되었을 때에는 환자의 몸을 옆으로 뉘어 혼수체위로 쉬게 한다.

11. 퍼포먼스 가이드라인

이 장에서는 퍼포먼스 가이드라인에 대해 이야기하고 있다. CPR 연수에서 가르치고 있는 긴급사태에서의 기본적인 동작을 습득하는데 도움이 되도록 기술하고 있다.

＊표 2-1 연령별 CPR에 필요한 데이터 일람표

	INFANT(유아)	CHILD(어린이)	ADULT(어른)
연령에 의한 분류 (A. H. A의 기준에 의함)	0 ～ 1살	2 ～ 8살	9살 이상
안정시 환기량(Mml)	100	300	500
인공호흡 흡입량 (안정시와의 비교)	2 ～ 3배	2 ～ 3배	2 ～ 3 배
인공호흡 흡입량(ml)	200 ～ 300	600 ～ 900	1,000 ～ 1,500
1분간의 흡입회수	20	15	12
불어넣는 페이스	3초에 1회	4초에 1회	5초에 1회
안정시 심박동수(회/분)	100 ～ 130	80 ～ 100	60 ～ 80
맥촉진 부위	상 완 동 맥	경 동 맥	경 동 맥
심맛사지 압박중심 부위	유두선상보다 손가락 1개 아래	흉골아래 1/3위치	흉골 아래 1/3위치
심맛사지를 실시하는 손	두 손가락	한 손	양 손
심맛사지 압력	가슴표면이 2～3 cm 내려갈 정도	가슴표면이 3～4cm 내려갈 정도	가슴표면이 4～5cm 내려갈 정도
심맛사지 압박스피드 비율 (회/분)	120	100	90
혼자서 실시하는 CPR의 압박과 공기 불어넣기 비율	5 : 1 (30 : 2)	5 : 1 (30 : 2)	15 : 2 (30 : 2)
두 사람이 실시하는 CPR의 압박과 공기 불어넣기 비율	5 : 1 (30 : 2)	5 : 1 (30 : 2)	5 : 1 (30 : 2)

다음 사항을 실시하는데 필요한 단계를 보여주고 있다.

- 호흡이나 맥박이 정지된 환자에게 CPR을 한다.
- 이물에 의해 기도가 폐쇄된 환자의 기도를 연다.

이 장에서는 중요한 단계를 그림으로 나타내어 그 단계를 설명하고 있으므로 다음과 같은 경우에는 다음을 참고로 한다.

- CPR 연수를 받기 전에 CPR이라는 것이 무엇인가 하는 것을 알아야 한다.
- CPR 연수를 받는 도중 마네킹을 사용하여 실습을 할 때에 여러분의 퍼포먼스 가이드로 사용한다.

다른 여러 가지 기술가과 마찬가지로 CPR기술도 연습을 거듭하여 그 단계를 외워 익

혀야만 한다. 그렇게 되면 긴급 사태를 만나게 되어도 사람의 생명을 구할 수 있을 것이다. 적어도 1년마다 한국 CPR봉사단지부에서 재연수를 받아야 한다. 물론 1년을 기다리지 않고 자주 연수 받으면 더욱 좋다. 긴급사태에서의 처치를 복습하는 일이란 시간도 별로 걸리지 않으며 CPR을 충분히 할 수 있다는 것을 실감하는 것은 좋은 일이라고 생각하게 될 것이다. 정기적으로 CPR의 기술을 갱신함으로써 CPR의 최신 정보를 취득할 수 있다.

그러나 이런 기술도 심장이 정지된 환자에게는 구명의 기술이지만 이식이 있는 건강한 사람에게 하면 위험하다.

1) 혼자서 하는 CPR : 성인용

(1) 액션 1

① 구급 의료 기관에 조기 통보 : 환자가 반응이 없다는 것인지를 판단한다.

② 조기 CPR

③ 기도확보 : 머리를 뒤쪽으로 젖히고 턱을 들어올린다.

④ 인공호흡 : 호흡을 하지 않고 있는지 확인한다. 만약 환자가 호흡을 하고 있고 외상이 없는 경우에는 환자의 몸을 혼수 체위로 한다. 만약 환자가 호흡을 하고 있지 않을 경우에는 천천히 2회 숨을 불어 넣는다(1호흡에 1.5~2초).

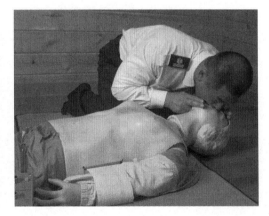

＊＊그림 2-20 혼자서 하는 CPR

(2) 액션 2

① 심장 마사지 : 맥박이 뛰는지를 판단한다. 만약 환자의 맥박이 뛰고 있는 경우에는 인공호흡을 시작한다.

② 맥박이 없는 경우에는 흉부압박과 인공호흡의 사이클을 되풀이한다.

③ 흉부압박 30회, 인공호흡 2회를 실시한다.

④ 사이클을 끝내면 맥박이 있는지의 여부를 확인한다.

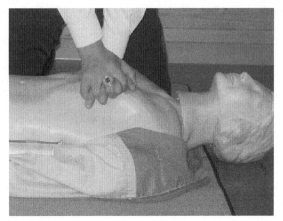

그림 2-21 혼자서 하는 CPR

(3) 두 번째 구조자(레스큐어)가 왔을 때

두 번째의 구조자가 와서

- 자기소개를 하고 "나도 CPR을 알고 있어요, 도와드릴까요?"
- 구급대에 연락하여 도움을 청했는지 묻는다.
- 맥박을 확인한다.

맥박이 없을 경우에는 두 번째 구조자가 혼자서 하는 CPR을 실시하며, 흉부 압박과 인공사이클을 계속한다. 교체를 할 때는 신속하게 하여 CPR이 중단되지 않도록 한다. 첫 번째 구조자는 두 번째 구조자의 구명 노력이 적절한 효과를 나타내고 있는지를 다음과 같은 사항으로 평가하여 판단한다.

- 인공호흡을 하고 있는 동안에 환자의 가슴이 부풀어 오르는지를 확인한다.
- 가슴을 압박하고 있을 때에 맥박이 느껴지는지를 확인한다.
- 인공호흡과 심장마사지를 하고 있는 구조자가 피로해졌을 경우는 구급대가 도착할 때까지 둘이서 교대로 한다.

2) 기도폐쇄 : 의식이 있는 성인용

① 환자와 대화를 할 수 있을지 기침을 할 수 있는지를 확인한다.
② 복부에 충격을 가한다.
③ 이물을 토해내기까지 하임릭법을 실시한다. 환자가 의식을 잃었을 경우에는 중지한다.
④ 흉부에 충격을 가한다.
⑤ 만약 환자가 임신 중이거나 비만체일 때에 한다.

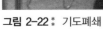

그림 2-22 ✽ 기도폐쇄

3) 기도폐쇄: 의식을 잃은 경우

① 구급 의료기관에 통보한다.
② 이물이 들어있는지를 점검한다.
③ 인공호흡을 시도한다.
④ 만약 기도가 폐쇄되어 있는 경우에는 하임릭법을 실시한다.
⑤ 이 순서를 효과가 있을 때까지 되풀이한다.

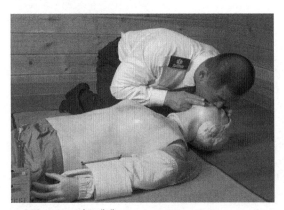

그림 2-23 기도폐쇄

4) 유아·어린이의 CPR과 기도폐쇄

8세 이하의 어린이에 대한 CPR과 완전 기도폐쇄의 처치(이물이 목구멍에 걸렸을 경우의 응급처치) 방법도 성인용과 똑같다. 그러나 어린아이(1~8세)와 유아(1세 이하)의 기도폐쇄 응급처치방법은 성인용의 것과는 조금 다르다. 어린이나 유아는 몸집이 작고 몸이 미숙하므로 테크닉을 바꾸어야만 한다.

이 연수에서는 어린이나 유아의 극히 기본적인 구명방법에 대해서만 언급했기 때문에 아래에 해당하는 사람은 어린이용 구명방법의 연수를 받을 것을 권고한다.

• 유아·어린이의 부모로서 특히 심장계의 이상리스크가 높은 경우
• 보육원이나 탁아소의 종업원
• 교사
• 운동 팀의 감독
• 의료에 종사하는 사람, 구조에 종사하는 사람 전반

5) 유아·어린이의 돌연사

유아나 어린이의 돌연사는 일반적으로 호흡곤란이나 호흡정지에 의해 산소가 부족한 것에 기인하는 일이 많다. 유아나 어린이에 대한 CPR은 갖가지 사건의 결과로서 필요하게 된다. 부상, 이물에 의한 기도폐쇄(장난감, 식품, 플라스틱 커버 등), 물에 빠졌다, 연기를 마셨다, 돌발성 소아 사망증후군, 질병 등을 들 수 있다.

매년 8,000명 이상의 15세 이하의 어린이가 부상이나 독물로 사망하고 있다. 부상의 50% 이상이 교통사고와 관련되며, 약 20%가 화상, 총기류, 독물과 관련이 되고 있다.

(1) 예 방

CPR 기술을 익히려고 시간을 낭비하기보다는 유아·어린이의 심장기관이나 호흡기관에서 일어나는 문제의 원인을 어떻게 예방할 것인가 하는 것에 시간을 소비하는 편이 현명하다는 것을 염두에 두어야 한다.

CPR을 필요로 하는 상태의 거의 대부분이 예방을 할 수 있는 상태이다. 그러므로 어린이와 유아에게 안전한 환경을 만들어 주는 데 특별한 주의를 기울어야 한다. 어린이와 유아의 연령에 적합한 자동차의 구속장치(차일드 시트와 시트 벨트를 포함), 자전거용 헬멧, 풀장 주위를 둘러친 담장을 설치, 총기류는 안전한 곳에 보관하고 화제통보기(연기탐지기)를 설치함으로써 어린이 부상의 50% 이상을 방지할 수가 있으며, 부상에 의한 사망자 총수의 50%를 방지할 수가 있다. 유아나 어린이에게 성냥이나 불이 얼마나 무섭다는 것을 가르쳐야 한다. 유아에게는 장식구슬, 작은 장난감류, 압핀, 유리구슬 등을 마음대로 가지고 놀게 해서는 안 된다. 또 땅콩 등은 유아나 젖먹이의 손이 닿지 않는 곳에 보관해야 한다. 유아나 어린이가 걸어 다니고 있을 때, 놀고 있을 때, 울고 있을 때는 먹을 것을 입에 넣어주지 않도록 한다.

6) 혼자서 하는 CPR : 어린이용(1세~8세)

어린이용인 CPR은 8세 이상의 어린이와 어른을 대상으로 하는 CPR과 비슷하지만 다음과 같은 점이 다르다.

① 만약 구조자가 자기 외에 아무도 없을 때는 구급의료기관에 통보하기 전에 1분간

CPR을 실시한다.

② 심장마사지를 할 때는 양손으로 압박을 하지 않고 한손으로 한다.

③ 흉골에 압박을 가할 때는 가슴두께의 1/3~1/2(약 3~4㎝) 가량을 누른다.

④ 압박의 속도는 1분에 100회, 압박을 5회 하고 나면 인공호흡을 1회 한다.

　여기서 사용되고 있는 숫자는 광범위한 가이드라인이라는 것을 알아 둔다.

(1) 기도확보

① 반응이 없는 것을 판단. 어깨를 가볍게 두들기거나 가볍게 흔들며 "괜찮니?" 하고 묻는다.

② "도와줘요!"라고 소리를 지른다.

③ 부상이 있는지도 모르므로 환자의 머리와 목을 받쳐 들고 반듯이 눕힌다.

④ 머리를 뒤로 젖혀지게 하고 턱을 들어 올려 기도를 확보한다.

(2) 인공호흡

⑤ 호흡을 하고 있지 않는 것을 판단. 기도를 확보해 두고 귀를 어린이 가까이에 대고 흉부에 움직임이 있는지를 보면서 호흡음을 듣고 숨일 내뱉는 느낌이 있는지 확인한다. 만약 환자가 중한 부상을 입지 않았다고 판단되는 경우에는 혼수체위로 한다.

(3) 심장마사지

⑥ 맥박이 뛰지 않는다는 것을 판단한 후, 한손으로 머리를 뒤로 젖히고, 그 자세를 유지하면서 다른 한손의 손가락 2~3개를 사용하여 경동맥을 확인한다.

⑦ 흉부압박을 시작한다. 성인용과 마찬가지로 적절한 손의 위치를 정하여 가슴 두께의 1/3~1/2(약 3~4㎝)의 깊이로 압력을 가한다. 압박을 가할 때는 한쪽 손의 손바닥 끝으로 한다. 압박의 속도는 1분에 100회, 압박 5회에 인공호흡 1회의 비율로 한다.

⑧ 압박과 인공호흡의 사이클을 20회 한다.

⑨ 구급의료기관에 통보한다. 119에 전화한다.

⑩ 맥박을 체크한다.

⑪ 맥박이 없을 경우에는 먼저 인공호흡을 1회 한 다음 압박과 인공호흡의 사이클을 시작한다.

⑫ 수분 동안에 한 번씩 맥박을 체크한다.

⑬ 맥박이 되돌아오면 함께 호흡이 되돌아오지 않고 있는 경우에는 맥박을 모니터하면서 3초에 1회 꼴로(1분에 15회의 호흡) 인공호흡을 한다. 만약 환자가 호흡을 하기 시작하면 혼수체위로 뉘이고 기도를 확보하면서 호흡과 맥박을 모니터한다.

(4) 두 번째 구조자가 왔을 경우

① 두 번째 구조자가 오면 자기소개를 하고 구급의료기관에 전화할 필요가 있는지, 맥박을 체크하기도 하면서 도울 수 있는지를 묻는다.
② 맥박이 없을 경우에는 두 번째의 구조자가 혼자서 CPR을 실시한다.
③ 첫 번째 구조자는 두 번째 구조자의 CPR을 다음과 같이 체크하여 모니터한다.
④ 인공호흡을 하고 있을 동안 환자의 가슴이 상하로 움직이는지를 확인한다.
⑤ 가슴을 압박하고 있을 때 맥박이 느껴지는지를 확인한다.

7) 이물에 의한 기도폐쇄 : 어린이용(1~8세)

성인용이나 8세 이상의 어린이용과 같은 기도폐쇄 처치를 하지만 손가락을 입속에 넣어 한번 휘젓는 동작을 하지 않고 혀와 턱을 동시에 들어 올려 기도 안을 눈으로 점검하여 이물이 보이면 손가락으로 제거 한다.

8) 혼자서 하는 CPR : 유아용(1세 이하)

유아에게 CPR을 할 때는 유아는 몸집이 작다는 것과 상처가 나기 쉽다는 것을 고려하여 특별한 주의를 기울어야 한다. 그 때문에 CPR이나 기도폐쇄에서 응급처치를 하는 방법이 다소 다르다.

(1) 기도확보

① 반응이 있는지를 판단한다. 어깨를 가볍게 두들기거나 가볍게 흔들거나 한다.
② "도와줘요!" 하며 도움을 청한다.
③ 유아를 딱딱하고 안정된 곳에 반듯이 눕힌다. 만약 돌려 뉘일 필요가 있을 경우에는

머리와 목을 받치면서 한다.

④ 기도를 확보한다. 머리를 뒤로 젖히고 턱을 들어올린다. 그때 유아의 머리가 너무 뒤로 가지 않도록 주의한다.

※※ **그림 2-24** 기도확보

(2) 인공호흡

⑤ 호흡을 하지 않고 있다는 것을 판단한다. 기도확보를 유지하면서 자기의 귀를 유아의 입에 가까이 대고 가슴의 움직임을 보면서 내쉬는 숨을 귀로 들어 감지한다. 만약 환자가 호흡을 하고 있는데다 큰 외상이 없다고 판단되는 경우에는 혼수체위로 눕힌다.

⑥ 만약 환자가 호흡을 하고 있지 않을 경우에는 기도를 확보하면서 유아의 코와 입을 자기 입으로 덮고 가볍게 인공호흡을 2회 한다. 유아의 가슴이

※※ **그림 2-25** 인공호흡

상하로 움직이는 것을 확인한다. 1호흡에 1~1.5초 가량의 속도로 한다.

(3) 심장마사지

⑦ 평가 : 맥박을 확인. 한쪽 손으로 젖혀진 머리를 고정시키면서 다른 한 손의 손가락 두 개를 팔 상부의 안쪽에 대고 상완동맥의 맥박을 본다.

⑧ 흉부 압박을 시작한다. 손의 위치를 정하는 데는 먼저 유아의 양유두를 이은 선의 중앙점이며, 그 선의 아래쪽에 인지를 놓는다. 그리고 그 옆에 중지를 그리고 약지를 놓는다. 흉골을 압박할 때는 중지와 약지의 두 손가락으로 그곳을 누른다. 구조자의 손의 크기나 유아의 가슴 크기도 갖가지이기 때문에 이 인스트럭션은 가이드라인에 지나지 않는다. 압박을 가할 위치가 정해졌을 때는 그 위치가 검상돌기가 아니라는 것을 확인한다. 흉골에 압박을 가하는데 압박거리는 유아의 가슴두께의 1/3~1/2(3~4㎝)가량이며, 속도는 1분에 100회 비율이다. 인공호흡을 1회, 흉부압박을 5회 비율로 되풀이한다.

⑨ 흉부압박과 인공호흡의 사이클을 20회 한다.

⑩ 구급의료기관에 통보한다.

⑪ 상완동맥박을 체크한다.

⑫ 맥박이 없을 경우에는 흉부압박과 인공호흡을 계속한다.

⑬ 수분마다 맥박을 체크한다.

⑭ 맥박이 뛰기 시작하면 호흡도 되돌아왔는지 체크한다. 호흡이 없을 경우에는 3초마다 인공호흡을 1회씩 하여(1분에 20회 꼴) 맥박을 모니터한다. 자연호흡이 되돌아오면 기도를 확보하여 혼수체위로 뉘이고 호흡과 맥박을 모니터한다.

＊그림 2-26 심장마사지

9) 기도폐쇄 : 의식이 있는 유아(1세 이하)

이 처지는 의식이 없는 유아에게는 하면 안 된다. 단 기도가 완전 폐쇄되어 버린 경우(호흡곤란에 빠져 있는 경우, 기침을 못한다. 힘있게 울지 못한다)인데 기도폐쇄의 원인이 이물을 삼켰기 때문이라는 것들 누가 목격했다거나, 혹은 그런 가능성이 매우 짙다는 경우에는 여기에 기술되어 있는 응급처지를 실시한다. 만약 병이 원인으로 그 부분이 부어서 기도폐쇄를 일으키고 있는 경우에는 시급히 가장 가까운 고도 의료시설로 수송해야 하며, 여기서 말하는 기도폐쇄 처치를 하지 말아야 한다. 호흡기관계에 곤란을 보이고 있을

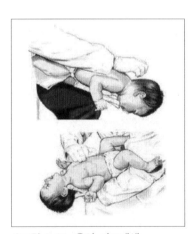

＊그림 2-27 유아 기도폐쇄

경우에는 유아에게 가장 편한 자세를 선택케 하여 그 자세를 유지시킨다.

① 기도폐쇄가 있다는 것을 판단. 호흡이 곤란하거나, 효과적인 기침을 하지 못하거나, 우는 것이 힘이 없거나(전혀 울지 않거나). 피부색이 거무스레하다.

② 유아를 엎어 눕히고 한쪽 팔로 유아를 탁탁 때리는 방법)을 최고 5회 한다. 유아의 머리와 목을 한 손으로 받치면서 두부가 동체보다도 아래로 처지도록 엎어서 자기 무릎

위에서 한 팔로 유아를 받친다. 유아의 견갑골의 중간위치를 손바닥 끝으로 등 두들기기를 최고 5회 까지 한다.

③ 다음에는 유아를 반듯이 눕혀 한 팔로 받치면서 흉부에 충격을 가한다. 유아의 머리를 받치면서 흉부에 충격을 가한다. 유아의 머리를 받치면서 양손과 양팔로 몸을 끼고 두부가 동체보다 아래로 처지게 하여 반듯하게 눕힌다. 그리고 흉부압박의 위치와 같은 위치로 하여 흉골 중앙부에 최고 5회의 충격을 가한다. 이경우의 충격은 흉부압박의 속도보다도 천천히 한다.

④ 2단계와 3단계를 이물을 토할 때까지 되풀이 한다. 만약 유아가 정신을 잃은 경우에는 중지한다.

⑤ 유아가 의식을 잃었을 경우 "도와줘요~!" 하고 도움을 청한다. 누군가가 달려오면 그 사람에게 구급의료기관에 알리게 한다. 유아를 반듯이 눕힌다.

⑥ 혀와 턱이 위로 향하도록 들어올린다. 이물이 눈에 보일 경우에는 제거를 하지만 손가락을 입속에 넣어 더듬어 찾으려고 하지 말 것.

⑦ 인공호흡을 시도한다. 머리가 뒤로 젖혀지게 턱을 들어 올려 기도를 확보하여 인공호흡을 시도한다.

⑧ 인공호흡을 재차 시도한다. 머리의 위치를 다소 바꾸어 다시 한 번 인공호흡을 시도한다.

⑨ 배부고타법을 최고 5회까지 한다.

⑩ 흉부 충격을 최고 5회까지 한다.

⑪ 혀와 턱을 들어 올려 이물이 눈에 보이면 제거한다.

⑫ 머리를 뒤로 젖히고 턱을 들어 올려 기도를 확보하면서 인공호흡을 재차 시도한다.

⑬ 8단계에서 12단계까지를 성공할 때까지 되풀이 한다.

⑭ 달리 협조자가 없을 경우에는 기도를 열려는 시도를 1분간 하고 그래도 효과가 없으면 구급의료기관에 통보한다.

⑮ 이물이 제거되면 호흡을 체크한다. 호흡이 없을 경우에는 인공호흡을 하고 맥박이 없을 경우에는 흉부압박을 한다.

⑯ 맥박이 없을 경우에는 먼저 인공호흡을 2회 하고 압박과 호흡 사이클을 시작한다. 맥박이 있을 경우에는 기도를 확보하고 호흡을 체크한다.

⑰ 만약 호흡을 하고 있는 경우에는 혼수체위로 하여 기도확보를 유지하면서 호흡과 맥박을 모니터한다. 호흡을 하지 않고 있는 경우에는 3초마다 인공호흡을 1회의 비율로 (1분에 20회 꼴)하고 맥박을 모니터한다.

10) 기도폐쇄 : 의식이 없는 유아(1세 이하)

① 반응이 없다는 것을 판단. 어깨를 가볍게 두들기거나 가볍게 흔들어 본다.
② "도와줘요!"라고 도움을 청한다.
③ 유아의 머리와 목을 받치면서 딱딱하고 안정한 장소에다 반듯이 눕힌다.
④ 기도확보, 머리가 뒤로 젖혀지게 하고 턱을 들어올린다. 머리가 너무 처지지 않도록 주의한다.
⑤ 호흡정지를 판단한다. 기도확보를 유지하면서 자기의 귀를 유아 가까이에 대고 가슴의 움직임을 보면서 내쉬는 숨소리를 귀로 들어 감지한다.
⑥ 유아의 코와 입을 자기 입으로 덮고 인공호흡을 시도한다.
⑦ 인공호흡을 재차 시도한다. 머리의 위치를 다소 수정하여 유아의 코와 입이 자기의 입으로 완전히 덮여 있는지를 확인한다.
⑧ 구급의료기관에 통보한다. 만약 다른 사람이 그 자리에 함께 있을 경우에는 그 사람에게 통보케 한다.
⑨ 배부고타법을 최고 5회까지 한다.
⑩ 흉부충격을 최고 5회까지 한다.

 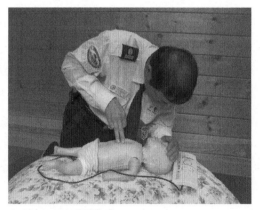

＊**그림 2-28** 배부고타법　　　　＊**그림 2-29** 흉부충격

⑪ 혀와 턱을 함께 들어올려 이물이 보이면 제거한다.
⑫ 재차 인공호흡을 시도한다.
⑬ 9단계에서 12단계까지를 되풀이 한다.

⑭ 그 자리에 함께 있는 사람이 아무도 없을 경우에는 기도를 여는 시도를 1분간하고, 만약 효과가 없으면 구급 의료기관에 통보한다.

⑮ 이물이 기도에서 제거되었을 경우에는 호흡과 맥박을 체크한다.

⑯ 호흡을 하고 있을 경우에는 혼수체위로 눕히고, 기도를 확보하면서 호흡과 맥박을 모니터한다. 호흡을 하고 있지 않을 경우에는 1분에 20회의 인공호흡을 하고 맥박을 모니터한다.

⑰ 맥박이 없을 경우에는 먼저 인공호흡을 2회 하고 압박과 호흡 사이클을 개시한다. 만약 맥박이 있을 경우에는 기도를 확보하고 호흡을 체크한다.

12. 스킬 · 퍼포먼스 · 시트

1) 혼자서 하는 CPR : 성인용

연수생의 이름_____ 날짜_____

퍼포먼스 · 가이드라인	실시했다
1. 의식이 없다는 것을 확인. 　구급의료기관에 통보	
2. 기도확보(머리를 뒤로 제끼고 턱을 위로 향해 밀어올린다) 　호흡을 확인(관찰. 듣는다. 느낀다)	
3. 천천히 2회 인공호흡을 한다(1호흡1.5~2초) 　가슴이 부풀어오르는 것을 관찰, 숨을 불어넣기 전에 완전히 환기한다는 것을 확인	
4. 경동맥 촉진. 　맥박은 있으나 호흡을 하고 있지 않을 경우 인공호흡을 한다.(5초마다 1회의 인공호흡, 　1분에 12회의 비율)	
5. 맥박이 없을 경우 흉부압박의 심장마사지를 15회(1분에 80~100회의 속도), 　인공호흡 2회의 사이클로 시작.	
6. 15 : 2의 사이클을 4회(약 1분간) 하고 맥박을 체크한다. 　＊만약 맥박이 없을 경우에는 15 : 2의 사이클을 흉부압박에서 시작한다.	

＊만약환자가 호흡을 하고 있을 경우나 혹은 호흡을 재개했을 때에는 혼수체위로 눕힐 것.

주 기_____

인스트랙터_____

동그라미 친다 :　　　　　　　연수완료,　　　　　　　좀더 실습을 필요로 한다.

2) 두 사람이 하는 CPR : 성인용

연수생의 이름_____ 날짜_____

퍼포먼스 · 가이드라인	실시했다
1. 의식이 없다는 것을 확인. 구급의료기관에 통보	
제1구조자(레스큐어 · NO.1)	
2. 기도확보(머리를 뒤로 제끼고 턱을 위로 향해 밀어올린다)	
3. 천천히 인공호흡을 1회 한다(1호흡 1.5~2초) 　가슴이 부풀어 오르는 것을 관찰, 숨을 불어넣기 전에 　완전히 환기하는 것을 확인	
4. 경동맥 촉진	
제2구조자(레스큐어 − NO.2)	
5. 맥박이 없을 경우 흉부압박의 심장마사지를 5회 　(1분에 80~100회의 속도), 제1구조자는 천천히 인공호흡을 1회한다.	
6. CPR을 1분간 하고 맥박을 체크한다. 　* 만약 맥박이 없는 경우에는 5 : 1의 사이클을 계속한다.	

* 만약환자가 호흡을 하고 있을 경우나 혹은 호흡을 재개했을 때에는 혼수체위로 눕힐 것.

주 기_____

인스트랙터 _____

동그라미 친다 :　　　　　　연수완료,　　　　　　좀더 실습을 필요로 한다.

3) 이물에 의한 기도폐쇄 – 의식이 있을 경우 : 성인용

연수생의 이름_____ 날짜_____

퍼포먼스 · 가이드라인	실시했다
1. " 목에 무엇이 막혔나요?"라고 묻는다	
2. 복부에 충격을 가한다.(임신중인 여성에게는 흉부에 충격을 가한다.)	
3. 효과가 나타날 때까지 되풀이한다. 환자가 의식을 잃으면 중지한다.	
성인용: 이물에 의한 기도폐쇄 – 의식을 잃고 있을 경우	
4. 구급의료기관에 통보한다.	
5. 혀와 턱을 동시에 위로 향하게 들어올리고 손가락을 입속에 넣어 한번 휘저어 이물을 제거한다.	
6. 기도를 확보하고 환기를 시도한다. 아직도 기도가 폐쇄되어 있으면 머리 위치를 바꾸고 재차 환기를 시도한다.	
7.복부에 충격을 최고5회까지 가한다.	
8. 5~7의 단계를 효과가 나타날 때까지 되풀이한다.	

* 만약환자가 호흡을 하고 있을 경우나 혹은 호흡을 재개했을 때에는 혼수체위로 눕힐 것.

주 기_____

인스트랙터_____

동그라미 친다 :   연수완료,   좀더 실습을 필요로 한다.

4) 이물에 의한 기도폐쇄 - 의식이 없을 경우 : 성인용

연수생의 이름＿＿＿＿＿＿＿＿＿＿＿＿   날짜＿＿＿＿＿＿＿＿＿＿＿＿＿

퍼포먼스 · 가이드라인	실시했다
1. 반응이 없다는 것을 판단하고 구급의료기관에 통보한다.	
2. 기도를 확보하고 환기를 시도한다. 기도가 아직도 폐쇄되어 있을 경우에는 머리위치를 바꾸어 환기를 재차 시도한다.	
3. 복부에 충격을 최고 5회까지 가한다.	
4. 혀와 턱을 동시에 위로 향하게 들어올리고 손가락을 입속에 넣어 빙글 한번 휘저어 이물을 제거한다.	
5. 2~4까지의 단계를 효과가 나타날 때까지 되풀이한다.	

* 만약환자가 호흡을 하고 있을 경우나 혹은 호흡을 재개했을 때에는 혼수체위로 눕힐 것.

주 기＿＿

인스트랙터＿＿＿＿＿＿＿＿＿＿＿＿＿＿＿＿＿＿＿＿＿＿＿＿＿＿＿＿＿＿＿＿＿＿＿＿＿＿＿

동그라미 친다 :   연수완료,   좀더 실습을 필요로 한다.

5) 혼자서 하는 CPR : 어린이용

연수생의 이름_____   날짜_____

퍼포먼스 · 가이드라인	실시했다
1. 반응이 없는 것을 판단. 만약 다른 구조자가 있을 경우에는 그 사람에게 구급의료기관에 통보케 한다.	
2. 기도확보(머리를 뒤로 제끼고 턱을 위로 향해 밀어올린다) 호흡을확인(관찰. 듣는다. 느낀다)*	
3. 천천히 2회 인공호흡을 한다(1호흡1.5~2초) 기슴이 부풀어오르는 것을 관찰, 숨을 불어넣기 전에 완전히 환기한다는 것을 확인	
4. 경동맥 촉진. 맥박은 있으나 호흡을 하고 있지 않을 경우 인공호흡을 한다.(3초마다 1회의 인공호흡, 1분에 20회의 비율)	
5. 맥박이 없을 경우 흉부압박의 심장마사지를 5회 하고, (1분에 80~100회의 속도), 턱을 올려 기도를 확보하여 인공호흡을 천천히 1회 한다. 이 사이클을 되풀이한다.	
6. 구명처치를 약 1분간 하고 맥박을 체크한다. 만약 구조자가 혼자인 경우에는 구급의료기관에 통보한다. 맥박이 없을 경우에는 5 : 1의 사이클을 계속한다.	

* 만약환자가 호흡을 하고 있을 경우나 혹은 호흡을 재개했을 때에는 혼수체위로 눕힐 것.

주 기_____

인스트랙터 _____

동그라미 친다 :   연수완료,   좀더 실습을 필요로 한다.

6) 이물에 의한 기도폐쇄 - 의식이 있을 경우 : 어린이용

연수생의 이름_____   날짜_____

퍼포먼스 · 가이드라인	실시했다
1. " 목에 무엇이 막혔나요?"라고 묻는다	
2. 복부에 충격을 가한다.	
3. 효과가 나타날 때까지 되풀이한다. 환자가 의식을 잃으면 중지한다.	
어린이용: 이물에 의한 기도폐쇄 - 의식을 잃고 있을 경우	
4. 만약 두사람째의 구조자가 있으면 그 사람에게 구급의료기관에 통보케 한다.	
5. 혀와 턱을 동시에 위로 향하게 들어올리고 손가락을 입속에 넣어 한번 휘저어 이물을 제거한다.	
6. 기도를 확보하고 환기를 시도한다. 아직도 기도가 폐쇄되어 있으면 머리 위치를 바꾸고 재차 환기를 시도한다.	
7. 복부에 충격을 최고5회까지 가한다.	
8. 5~7의 단계를 효과가 나타날 때까지 되풀이한다.	
9. 기도를 확보하는 시도를 1분간 해도 효과가 없을 경우에는 구급의료기관에 통보한다.	

* 만약환자가 호흡을 하고 있을 경우나 혹은 호흡을 재개했을 때에는 혼수체위로 눕힐 것.

주 기_____

인스트랙터 _____

동그라미 친다 :   연수완료,   좀더 실습을 필요로 한다.

7) 이물에 의한 기도폐쇄 – 의식이 없을 경우 : 어린이용

연수생의 이름_____ 날짜_____

퍼포먼스 · 가이드라인	실시했다
1. 반응이 없다는 것을 판단하고 만약 두 사람째의 구조자기 있을 경우에는 그 사람에게 구급의료기관에 통보한다.	
2. 기도를 확보하고 환기를 시도한다. 기도가 아직도 폐쇄되어 있을 경우에는 머리 위치를 바꾸어 환기를 재차 시도한다.	
3. 복부에 충격을 최고 5회까지 가한다.	
4. 혀와 턱을 동시에 위로 향하게 들어올리고 손가락을 입속에 넣어 빙글 한번 휘저어 이물을 제거한다.	
5. 2~4까지의 단계를 효과가 나타날 때까지 되풀이한다.	
6. 기도폐쇄 제거처치를 1분간 시도해도 해소되지 않을 경우에는 구급의료기관에 통보한다.	

＊ 만약환자가 호흡을 하고 있을 경우나 혹은 호흡을 재개했을 때에는 혼수체위로 눕힐 것.

주 기_____

인스트랙터_____

동그라미 친다 :　　　　　　연수완료,　　　　　　좀더 실습을 필요로 한다.

8) 혼자서 하는 CPR : 유아용

연수생의 이름_____   날짜_____

퍼포먼스 · 가이드라인	실시했다
1. 반응이 없는 것을 판단. 만약 다른 구조자가 있을 경우에는 그 사람에게 구급의 료기관에 통보케 한다.	
2. (머리를 뒤쪽으로 제끼고 턱을 위로 향해 밀어올려) 기도를 확보하고 호흡을 체 크한다(관찰.듣는다.느낀다.)	
3. 천천히 2회 인공호흡을 하고(1호흡1.5~2초) 흉부의 상하 움직임을 체크한다. 숨 을 불어넣기 전에 완전히 숨을 뱉아내는 것을 확인한다.	
4. 상완동맥의 맥박을 체크한다. 맥박은 있으나 호흡을 하고 있지 않는 경우에 인공호흡을 실행한다.(3초마다 1호 흡 1분에 20초의 속도)	
5.맥박이 없을 경우에는 흉부압박 1회, 느릿느릿한 인공호흡 1회의 사이클을 되풀이 한다.(흉부압박의 속도는 1분에 적어도 100회)	
6. CPR을 1분간 시도하고, 맥을 체크한다.* 만약 혼자서 구조를 하고 있을 경우에는 구급의료기관에 통보한다.	

* 만약환자가 호흡을 하고 있을 경우나 혹은 호흡을 재개했을 때에는 혼수체위로 눕힐 것.

주 기_____

인스트랙터_____
동그라미 친다 :   연수완료,   좀더 실습을 필요로 한다.

9) 이물에 의한 기도폐쇄 – 의식이 있을 경우 : 유아용

연수생의 이름_____   날짜_____

퍼포먼스 · 가이드라인	실시했다
1. 완전히 기도가 폐쇄되어 있다는 것을 판단. 호흡이 곤란하다. 기침을 효과적으로 못하고 울음이 약하다.	
2. 복부에 5회, 흉부에 5회 충격을 가한다.	
3. 효과가 나타날 때까지 2를되풀이한다. 환자가 의식을 잃으면 중지한다.	
유아용: 이물에 의한 기도폐쇄 – 의식을 잃고 있을 경우	
4. 만약 두사람째의 구조자가 있으면 그 사람에게 구급의료기관에 통보케 한다.	
5. 혀와 턱을 동시에 위로 향하게 들어올리고 손가락을 입속에 넣어 한번 휘저어 이물을 제거한다.	
6. 기도를 확보하고 환기를 시도한다. 아직도 기도가 폐쇄되어 있으면 머리 위치를 바꾸고 재차 환기를 시도한다.	
7.복부에 최고 5회, 흉부에 최고5회 충격을 가한다.	
8. 5~7의 단계를 효과가 나타날 때까지 되풀이한다*.	
9. 1분간의 구호처치를 해도 효과가 없을 경우에는 구급의료기관에 통보한다.	

* 만약환자가 호흡을 하고 있을 경우나 혹은 호흡을 재개했을 때에는 혼수체위로 눕힐 것.

주 기_____

인스트럭터 _____

동그라미 친다 :   연수완료,   좀더 실습을 필요로 한다.

10) 이물에 의한 기도폐쇄 – 의식이 없을 경우 : 유아용

연수생의 이름_____ 날짜_____

퍼포먼스 · 가이드라인	실시했다
1. 반응이 없다는 것을 판단하고 만약 두 사람째의 구조자기 있을 경우에는 그 사람에게 구급의료기관에 통보한다.	
2. 기도를 확보하고 환기를 시도한다. 기도가 아직도 폐쇄되어 있을 경우에는 머리 위치를 바꾸어 환기를 재차 시도한다.	
3. 복부에 최고 5회, 흉부에 최고 5회 충격을 가한다.	
4. 혀와 턱을 동시에 위로 향하게 들어올리고 손가락을 입속에 넣어 빙글 한번 휘저어 이물을 제거한다.	
5. 2~4까지의 단계를 효과가 나타날 때까지 되풀이한다.*	
6. 기도폐쇄 제거처치를 1분간 시도해도 해소되지 않을 경우에는 구급의료기관에 통보한다.	

* 만약환자가 호흡을 하고 있을 경우나 혹은 호흡을 재개했을 때에는 혼수체위로 눕힐 것.

주 기_____

인스트랙터 _____

동그라미 친다 :   연수완료,   좀더 실습을 필요로 한다.

PART Ⅱ
건강생활

Chapter 3

스포츠 마사지

1. 마사지의 의의와 필요성

마사지는 인간의 활동과 그 기원을 같이하며, 자연 발생적인 습관으로 구체화되었고, 경험과 반복을 통하여 수세기 동안 그 발전을 계속해 오고 있다.

이와 같이 마사지는 시술자의 손으로 상대의 피부를 일정한 방식과 방법으로 역학적인 자극을 가하여 피부와 근육의 혈액순환 및 임파액의 유통을 촉진하고 신진대사를 원활하게 하여 피부와 근육에 영양공급을 증가시키고 근육의 수축력을 증대시켜 운동기능을 증진시킨다.

오늘날 스포츠 과학화를 통한 체계적인 노력이 활성화되면서 마사지 방법은 스포츠 과학의 중요한 범주를 차지하였다. 따라서 스포츠에서는 스포츠 상해 예방 및 컨디션 조절 등을 통한 경기력 향상에 목적을 둔 스포츠 마사지가 필요하게 된다. 스포츠 마사지는 수축된 근육을 이완시키고 부풀어 오른 체액을 감소시키며 심신의 안정유지 뿐만 아니라, 운동기능의 컨디션 조절에 따른 경기기록의 향상과 급성 피로의 회복, 스포츠 상해 예방을 위한 목적으로 행하여진다.

2. 마사지의 어원과 역사

1) 마사지의 어원

마사지의 어원은 학자마다 다르지만, 그리스에서 시작되어 'Masso(양손의 압박행위)' 즉 "근육을 주무르다"는 뜻을 나타내고 히브리어로 "잡다"의 의미를 가진 'mashesh'와 라틴어의 'nanuse'로서 손이라고 부르는데서 어원을 찾아볼 수 있다.

2) 마사지의 역사

마사지의 기원은 사람은 누구나 인체부위에 통증을 느끼면 무의식 중에 그 부위를 손으로 가볍게 쓰다듬거나, 문지르고, 흔들고, 주무르며, 두들기고, 당기는 등의 행위를 함으로써 자연발생적으로 신체의 고통을 풀고, 병을 치료하는 데서 시작되었다. 고대 벽화는 물론 건축양식에서도 마사지의 흔적은 쉽게 찾아 볼 수 있으며, 이러한 기록들이 현재 마사지를 연구하는데 귀중한 자료가 되고 있다.

기원전 12세기경 고대 마사지는 이집트와 리비아 등지에서 경찰법(쓰다듬기)과 강찰법(강하게 쓰다듬거나 문지르기), 고타법(두드려주기) 등 원시적인 마사지 형태가 만들어져 많은 사람들이 즐겨 이용했다.

고대 그리스에는 '아파라취야'라는 마사지가 성행하였다. 이는 향수나 식물성 기름으로 마사지 오일을 만들어 신체에 바른 뒤, 쓰다듬고 문지르는 방법이다. 또한 마사지를 통해 최초로 생리학적 근거를 마련한 사람은 그리스 의사였으며, 그 중 헤로디코스(B.C 448~425)는 의학의 아버지라 불리는 히포크라테스(B.C 460~377)에게 마사지를 계승하고 그의 뒤를 이어받은 히포크라테스는 당시 종교적인 의례로 이용되던 마사지를 종교로부터 분리시키는 한편 마사지를 통해 얻어진 임상적 근거를 정립하여 오늘날까지 끊임없이 발전할 수 있도록 학문적 기틀을 마련하였다.

로마에서는 학문적, 임상적 근거를 마련한 그리스의 마사지 기술을 도입하여 로마전체로 확산시켰으며, 위대한 로마의 의사로 칭송받고 있는 아스크레피아드(B.C 156~128)에 의해 체계적이고도 효율적인 마사지 기술이 완성되었다.

러시아 민족들은 나무로 만든 마사지기구를 이용해 몸 전체를 골고루 두드리는 두드리기 형태의 마사지를 즐겨 이용했다. 특히 이와 같은 마사지의 형태는 슬라브 민족 사이에서 성행되었으며, 식물을 태워 발생한 연기로 목욕을 하면서 온몸 전체를 두들겨 주는 두드리기 방법의 마사지를 즐겼다. 또한 목재로 만들어진 목욕탕에서 몸을 가열시킨 뒤 나뭇가지로 몸 전체를 강도 높게 두드리고 난 후 찬물을 몸에 끼얹는 독특한 마사지가 유행했다. 러시아는 오늘날까지 여러 가지 마사지 기구를 만들어 일반적인 마사지는 물론 전문적인 스포츠 마사지에 이르기까지 기구마사지를 활용하고 있다.

고대 마사지는 서양에서 뿐만 아니라 동양에서도 체계적으로 발전하였다. 특히 중국은 중국 의료체육학교에서 마사지 치료법을 일반 사람들에게 활용하면서 마사지가 요통을 비롯한 각종 근육통증에 효과가 있다는 소문이 중국 전역으로 퍼져 나가면서 곳곳에서 몸이 불편한 사람들이 이 학교에 마사지 치료를 받기 위해 모여들었다. 또한 중국 마사지의 실제 기술에 대해서는 기원전 약 2,500여 년 전 《칸 후》라는 책에 간단한 마사지 기술이 소개되어 있다. 이 책이 출판된 후에 당시 중국 의사들에 의해 체계적인 마사지 기술이 정립되어 몸이 아픈 환자들에게 통증 치료법으로 이용되었을 뿐 아니라 같은 시기에 출간된 《산 쫘이 뚜 좌고쉬》라는 64권의 대백과사전에는 오늘날까지 응용되고 있는 원시적인 마사지 동작들이 비교적 상세히 기술되어 있다.

인도는 주로 지압형태의 압박법과 피부에 강하게 마찰을 가하는 '강찰법' 형태의 마사지를 주로 이용했다. 고대시대 지혜의 책이라 불리던 '붸다(1800년)'라는 성서에 마사지에 관한 여러 가지 내용들이 언급되어 있다. 특히 마사지를 종교적인 의례에 있어 없어서는 안 될 중요한 요소라고 밝히고 있으며, 《스쿠르다》라는 책자에는 마사지를 통한 인체치료법을 상세히 기록하고 있다. 여기에는 두 가지 이상의 마사지 실기방법과 신체 병리학적 요소를 예방할 수 있는 방법들도 함께 소개되고 있다.

우리나라에서 마사지와 관련된 오래된 기록을 찾기란 쉽지 않다. 다만 한방고서에서 마사지를 한방요법에 병행했다는 기록이 남아 있다. 지금으로부터 약 2,700여 년 전 한방고서에서 '안마요법'이라고 하는 수기 치료요법 소개 내용 중 쓰다듬는 방법과 주무르는 방법이 간략하게 소개되고 있는 것이 마사지와 관련된 기록의 전부다. 또한 중국과 러시아의 고대 의학서적에 조선시대에 행해졌던 마사지를 짧게 기록하고 있다.

근대로 접어들면서 18~19세기 초기에 스웨덴의 링(Ling)이 치료체조를 학문을 체계화하여 발표하고 찬데르도가 보급에 노력하게 되어 현대에 이르게 된 것이 마사지학의 시초라 할 수 있다. 이렇게 해서 마사지는 네덜란드, 독일, 프랑스, 포르투갈 등 전 유럽으로 퍼져

나갔다. 이후, 마사지가 의료법의 하나로 현재에 이르고 있다. 일본에서는 원래 안마가 이용되어 왔다. 메이지시대, 군의관인 하시모토가 프랑스의 마사지를 시찰하고 연구했던 것이다. 그 후, 일본에서는 마사지가 의료법의 하나로 도입되었다.

3. 스포츠 마사지의 의의

스포츠맨의 육체적 완성을 촉진하고 피로를 극복하여 스포츠 활동의 향상을 도모하고 스포츠에서의 각종 부상의 치료에 사용하는 마사지적 조치와 기술을 말한다. 다시 말해서 스포츠 마사지는 크게는 스포츠맨의 운동기능을 증진 컨디션 조절에 의한 경기 기록의 향상을 도모하고 작게는 급성피로의 회복과 또한 스포츠 장애를 예방하며 때로는 치료만을 목적으로 행하여지는 마사지의 일종이다.

4. 스포츠 마사지의 역사

스포츠 마사지가 체계화된 것은 20세기에 들어와서 부터이다. 1906년, 1907년에 프랑스의 코스트와 루피이어가 각각 파리에서 스포츠 마사지에 관한 책을 출판한 바 있다. 또한 소련의 학자 자부로도후스키이는 스포츠 마사지의 의의를 다지기 위해서 1906년 <신체운동에서의 스포츠 마사지의 영향>이란, 스포츠 마사지 전공논문을 발표한 바 있으며, 이어서 구라파를 비롯하여 동양에서도 스포츠 마사지를 받아들여 활용하기에 이르렀다.

이러한 연구는 많은 경험을 지닌 코치의 과학적·외상학과 함께 스포츠 마사지의 지식을 풍부하게 하는 계기가 된다. 스포츠 마사지라는 특수한 용어가 탄생한 것도 이 시기였다.

가까운 일본에서도 스포츠 마사지를 정식으로 채택한 것은 1920년대에 일본의 오래된 수기를 살려 거기에다 유럽식의 호파나 불도스키씨 등의 수기를 응용하여 스포츠 마사지를 체계화한 것이 시초가 된다.

1931년 제1회 미·일 수상경기대회가 개최되었을 때, 처음으로 스포츠 마사지를 활용하여 좋은 경기기록을 올린 것이 기록에 남아있다.

일본은 1935년 베를린 올림픽대회 때 전문적인 마사지사 대천복장(大川福藏)씨가 트레이너로서 수상부 선수단을 수행하여, 일본 특유의 스포츠 마사지법을 유럽에 소개하여 주목을 끌었고, 이에 1964년 개최된 동경 올림픽 때에도 많은 마사지 전문가를 스포츠계에 배출하였다.

우리나라에서의 마사지는 1960년대부터 신체를 균정하는 각종 수기가 도입되어 타율적인 방법과 자율적인 방법을 응용, 오늘날까지 이르렀으나, 실제 운동선수를 위한 신체균정법의 적용은 1980년대에 들어와서 시작되었으며, 전국에 있는 몇몇 뜻있는 체육대학 간부들이 주축이 되어 83년 4월 '전국대학스포츠의학연맹'을 결성하여 현실적으로 이론 및 실기에 있어 정립이 되지 않아 동경 카이로프라틱대학, 동북유도전문대학, 미국의 브라운 대학 등의 유명 교수진을 초빙 하여 연수교육을 통해 그 기초를 다지고 연구 논문을 발표하여 학술적으로 일반인에게 알려지게 되었다.

이러한 노력은 1985년 세계유도선수권대회, 태권도선수권대회, 1986년 아시안게임 등 국제대회를 비롯 국내대회에서 스포츠 마사지의 적용으로 큰 성과를 볼 수 있었다.

마사지는 점점 과학적인 연구가 진행되어 그 효과가 기대되는 가운데 스포츠 마사지의 수요도 높아져가고, 종래의 소극적인 수기(수동적 경찰법, 유념법 등)에서 최근에는 적극적으로 수기가 적용되어, 스스로 신체를 동작하는 자율운동과 매니푸레이션(manipulation), 운동기구를 이용한 능동적인 것이 도입되어 한층 효과를 기대할 수 있게 되었다.

결과적으로 스포츠계의 요청에 따라 현재 각 공사립대학 체육학과나 많은 체육관계의 전문분야에서 스포츠 마사지에 대한 이론과 실기 지도를 하기에 이르렀다.

5. 스포츠 마사지의 필요성

스포츠 마사지는 경기력 향상뿐만 아니라, 직접적으로 피부나 근육의 혈액순환을 좋게 하고 신진대사를 왕성하게 하여 노폐물을 제거시킨다. 그리고 일상생활 또는 스포츠 활동에 필요한 산소나 영양분을 공급하며, 간접적으로는 반사적 신경계의 기능을 조절하고, 비정상적인 흥분상태를 진정시키며, 저하되어 있는 기능을 상승시킨다.

1) 워밍업의 보조수단

스포츠 마사지를 받음으로써 혈액순환을 촉진하여 근육의 긴장을 완화시키고 상해를 예방한다. 정신적인 긴장상태를 느슨하게 풀어주어 불안감을 없애는 목적도 있다.

2) 퍼포먼스 향상의 보조수단

신체조건과 운동의 특성에 적합한 스포츠 마사지를 시술함으로써 컨디션 유지와 퍼포먼스 향상의 보조수단으로 쓰인다.

3) 피로회복의 보조수단

운동(연습)이나 일상생활의 피로를 말끔히 없애기 위해서 시술하기도 하다. 마사지는 많이 사용하거나 피로한 부위의 긴장을 풀어주어 근육이나 관절의 피로를 없앤다. 전신 마사지는 긴장감을 해소하여 정서적 안정감을 준다. 특히, 입욕 후에 하는 것이 매우 효과적이다.

4) 외상이나 상해의 예방과 질병치료의 보조수단

평상시에 몸 상태를 잘 파악하고 있으면 신체기능이 저하되고 근육이나 건(腱, 힘줄) 등이 피로해지는 것을 알아차릴 수 있기 때문에, 외상이나 장애를 조기에 발견하고 치료할 수 있다. 치료를 할 때에는 전문의의 치료와 처치가 필요하고, 마사지만으로 회복하는 것은 어렵다.

6. 스포츠 마사지의 종류

종래의 스포츠 마사지는 유럽에서 성행된 것으로 그 술기는 ① 스웨덴식(주로 두들기는 것이 특징), ② 핀란드식(주로 주무르는 것과 흔드는 것이 특징), ③ 독일식(주로 경단 빚듯이 주무르는 것이 특징) 스포츠 마사지의 3종류로 구분할 수 있다.

유럽 각국이나 미국에서는 1910년 이래 핀란드식 스포츠 마사지가 주로 보급되어 왔다. 핀란드식 스포츠 마사지의 특징이 안이하다는 장점이 있으나 유념법의 효과가 약하고 심층의 근보다도 평탄한 천층근의 활동을 위해서 유효하다는 정도로 그치는 결점이 있다.

스웨덴식 스포츠 마사지는 응어리를 주물러 풀거나 맥관신경 속이나 근을 신전 이완시키는 점이 기술적 과제로 되어 있다. 조직은 신전시키려면 사지의 저항력이 필요하므로 마사지는 사지 기근에서 주병인 말초를 향해 실시하게 된다. 그리고 시술자의 손끝은 시술자의 눈과 같은 역할을 하여 손끝으로 근조직 중의 병리적 변화를 발견하고, 치료과정에서 나타는 효과를 컨트롤하며, 끝으로 한 부위의 마사지를 중지하는 시기를 결정하고 다른 부위로 이동한다. 하지만, 이 마사지의 술기는 대근군이나 일반 근육기관의 마사지를 소홀히 하여 혈액순환의 개량, 정맥 정체의 제거, 근조직에의 산소공급의 확대 등을 촉진하는 데는 미흡한 점이 있다.

일본의 스포츠 마사지도, 각 경기별로 응용할 때 특별한 특징은 없지만, 독일식 경향이 강하고 어루만져 잘 문지르고, 흔들리게 하는 방법이 주된 수기라고 할 수 있다.

7. 스포츠 마사지 실시시기

1) 경기 전 마사지

연습시간과 마찬가지로, 경기 전 마사지는 워밍업의 보조로서 주로 그 경기에 사용하는 주동작 근육이나 관절을 중심으로 짧은 시간동안 가볍게 경찰법, 유념법, 진동법 등으로 실시한다. 그리고 경기 전에는 전신 마사지를 될 수 있는 대로 피하는 것이 좋고, 염좌나 요통, 건통 등의 장애가 생겼을 경우에는 장애 부위 중심에 준비 마사지를 해주면 된다.

2) 경기 중의 마사지

경기진행 중에 마사지를 한다는 것은 매우 드문 일로서, 응급 마사지라고 볼 수 있다. 이 경우에는 그 경기의 가장 중요한 주동작 근육에 대하여 특히 급성 근육피로가 큰 곳, 경련이 일어나기 쉬운 곳 또는 염좌 등의 장애가 있을 때 그 장애 부위를 대상으로 짧은 시간동안 요령 있게 한다.

3) 경기 후의 마사지

경기 후에는 우선 워밍 다운을 실시한 뒤에 그 경기에서 가장 심하게 활용되어 아픈 곳, 피로가 겹친 근육이나 관절에 대하여 정성껏 마사지를 하고, 목욕 후에 심신이 모두 느슨해 졌을 때 전신 마사지를 하면 기분도 상쾌해지고 온 몸의 피로가 풀려 충분한 수면도 취하게 되므로 다음날까지 피로가 연장되는 일도 없을 뿐만 아니라 스포츠맨의 건강관리에도 크게 도움을 준다.

4) 시즌 오프 후의 마사지

경기의 시즌 오프 후에 실시하는 마사지로서, 즉 주목적은 경기 중에 있었던 심신의 피로제거와 장애 부위의 치료이며, 다가 올 경기에 대비하여 스포츠맨의 컨디션을 조절하고, 체력유지 및 건강관리에 중대한 역할을 수행한다. 마사지는 전신 마사지를 하되, 사우나나 목욕을 병행하면 더욱 효과적이다.

8. 스포츠 마사지의 효과

1) 일반적인 효과

마사지는 피부나 근육의 혈액순환을 좋게 함과 동시에 심장의 부담을 덜어 주고 나아가서는 전신의 혈액순환을 개선 조절한다. 피부나 근육의 혈액순환이 좋아지면 인체 각 조직의 노폐물을 제거하며 근육동작에 필요한 산소나 영양소의 공급으로 근육의 피로를 회복시켜 준다. 마사지를 통해서 혈액순환을 좋게 하고 체온을 높여줌으로써 근력, 유연성, 순발력, 지구력 등의 증강을 도울 수 있다.

2) 신경근육에 미치는 효과

(1) 흥분 작용

이 작용은 기능이 감퇴되어 있는 신경과 근육에 마사지를 실시하여 그 흥분도를 높이고 기능의 회복을 도모한다. 따라서 경기 전에 있어서 근육의 긴장도가 불충분할 때, 혹은 스포츠 장애로 근육의 마비가 생기거나 감각이 둔할 때 매우 유용하다.

(2) 진정 작용

신경이나 근육의 기능이 비정상적으로 높아졌을 때 마사지를 하여 그 기능을 진정시키는 작용으로 경기 중이나 경기 후에 많이 움직인 근육의 급성피로에 의한 가벼운 경련과 통증, 근육의 비정상적인 긴장신경통 등이 있을 때 효과적이다.

(3) 반사 작용

반사작용은 장애가 있거나 피로한 부분에서 떨어진 다른 부분에 마사지를 실시하여 신경, 근육, 내장 등에 간접적인 자극을 가함으로써 반사 작용에 의해 기능의 조절을 도모하는 것을 말한다.

(4) 유도 작용

스포츠 외상으로 그 부분이 부어오르거나, 빨갛게 되거나 아픔 등의 염증 증상이 있을 때는 환부에서 떨어진 중추부를 주로 경찰법으로 마사지를 해줌으로써 환부를 경쾌하게 하는 작용을 말한다.

(5) 교정 작용

염좌, 탈골, 골절 뒤에 오는 발열, 종 등의 급성염증이 가신 후에, 장애를 입은 관절이나 주변을 직접 마사지하여 관절포, 인대, 힘줄 등의 경화를 늦추고 병적인 삼출몰을 제거하는 작용을 말한다.

3) 내장에 미치는 효과

(1) 복부 내장

복부 마사지는 직접 복부의 혈액순환 촉진 작용을 도와 복강장기의 기능을 조절하며 특히 대장의 연동작용을 도와 용변을 순조롭게 한다.

(2) 다른 내장기관

등 부분과 요부의 마사지는 그 부분의 근육 피로에서 오는 응고 현상이나 압통을 제거시킬 수 있을 뿐 아니라 호흡기 및 혈액 순환기관의 기능조절로 위장 기능을 높여주는 효과가 있다.

4) 혈액에 미치는 효과

마사지를 하면 몸 전체의 혈액순환을 촉진하여 원활한 산소공급이 되어 혈액과 림프액을 증가시켜 근육으로의 혈류량 증가와 혈소질 및 백혈구, 적혈구, 헤모글로빈의 증가를 도모할 수 있다.

5) 피부에 미치는 효과

첫째, 마사지는 물리적으로 피부에서 표피의 노화세포를 제거하며, 피부 호흡을 개선하고 피지선과 한선의 분비활동을 활발하게 해줌으로써 인체 내의 노폐물이 땀 속으로 배설되어 분비가 촉진된다.

둘째, 피부의 맥관이 확대되고 혈액순환이 활발해져서 피부와 피부 내에 있는 신의 영양섭취가 좋아지고 국소체온이 높아지게 된다. 이에 따른 체온상승 효과는 경기 전에 생기는 오한을 방지하여 오한에서 오는 외상성 상해를 미리 예방할 수 있다. 또한 혈액공급을 충분히 해줘서 근육이 수의적·반사적 운동에 의한 반응을 도와 부상을 예방한다.

마지막으로, 피부는 피부감각기관을 통해 마사지의 자극을 중추신경계에 전달하고 그 반응에 참여함으로써 피부심층세포의 활력이 높아진다. 더욱이 피부에 유념법을 실시하면 더욱 큰 맥관의 임파액의 유통을 강하게 할 수 있다.

6) 뼈에 미치는 효과

마사지가 사실상 뼈의 치유에 도움을 준다는 것은 확실히 검증된 것이 아니다. 하지만 골절 후의 뼈의 정상적인 회복과정에 있어서 미국외과협회의 견해는 가장 효과적인 조직의 빠른 성장은 신체일부의 유효한 순환에 달려 있다고 했으며, 이로 인해 모든 효과는 순환작용을 효과적으로 돕는 것으로 시작되어서 그 효과가 미친다고 하였다.

7) 골격에 미치는 효과

인체의 뼈와 연골들은 관절이라는 형태로 서로 연결되어 있고, 인대가 이들 관절을 보강하고 있으므로 골격의 일정한 구성을 지탱해 준다.
관절은 뼈의 종합형식의 하나이며, 마사지로서 관절의 영양섭취를 개선하면서 각종 상해를 예방하고 관절, 인대기관은 큰 가동성을 얻을 수 있는데, 관절 기능의 의의가 그 가동범위에 있다고 할 때 마사지의 관절계에 대한 효과는 스포츠 실천에서 커다란 중요성을 갖는다.

9. 스포츠 마사지의 분류

1) 건강 마사지

아침체조와 병행하거나 트레이닝에서 경기에 임할 때까지의 워밍업으로서 실시하는 것이다. 이 마사지의 목적은 신체의 일반적인 긴장을 높이는 데에 있다. 주로 경찰법, 유념법, 진동진전법, 고타법, 능동·수동적 운동법을 활용하여 매일 10~15분간을 실시한다.

2) 준비 마사지

스포츠 경기에서의 준비 마사지는 경기 출전 전에 스포츠 활동력의 향상을 목적으로 실시한다.

3) 트레이닝 마사지

이 마사지의 목적은 경기 전과 경기할 때에 최고로 근육긴장을 높여서 선수의 운동능력을 최고도로 발휘시키기 위한 것이다.

4) 회복 마사지

이는 스포츠에 의한 긴장 후에 실시하거나 경기에 계속 출전할 때 그 틈을 타서 근육의 피로를 빨리 회복시키기 위한 것이다.

5) 전반적인 마사지와 부분적 마사지

전반적 마사지는 동체를 10분간씩 좌·우 양쪽을 실시하는데 20분이 걸리고, 10분간 각 사지의 측면을 5분씩 실시함으로써 50~60분 정도 걸린다.

부분적 마사지는 하지, 뒷잔등, 흉부, 상지 등 신체 각 부위의 마사지가 있다.

전반적인 마사지는 전반적인 혈액순환, 임파액 순환을 촉진시키기 위해서는 특히 신체의 넓은 부분의 마사지부터 시작하는 것이 좋다. 즉, 넓은 부분의 마사지는 흡인적 방법에 의해 주면 근육조직에 작용시킬 수가 있기 때문이다. 따라서 맨 처음에는 먼 곳의 등과 목에서 사직하여 차츰 가까운 손으로 옮기고 이어서 반대로 가까운 곳의 뒷잔등과 목 먼 곳에 있는 손의 마사지로 이행한다.

등, 목, 양손의 마사지가 끝나면 다음은 둔부, 대퇴부, 하퇴부를 마사지한다. 끝으로 이외의 남은 부분에도 같은 방법으로 마사지를 실시한다. 비복근, 아킬레스건 및 발바닥은 피술자 쪽에서 다른 쪽으로, 또 다른 쪽에서 피술자 쪽으로 마사지한다.

10. 스포츠 마사지의 금기

마사지를 받는 사람의 피부에 상처가 있거나 어떤 병적 상태의 징후나 변화가 일어났을 때 마사지를 하는 사람은 무리하게 마사지를 시작하면 안 된다. 마사지를 금기하여야 되는 경우는 다음과 같다.

① 체온이 37도 이상일 때.

② 염좌, 타박 등 부상을 한 직후(외상)나 골절 탈구일 때.

③ 시합의 직후나 근육이 달아올라 있을 때에는 마사지의 효과가 없다.

④ 극도로 피로했을 때.

⑤ 식사 전 및 식사 후.

⑥ 술을 마셨을 때. 이와 같을 때 마사지를 하게 되면 자극이 강하게 되기 쉽고, 출혈하기 쉽다.

⑦ 급성발작 상태의 경우.

⑧ 급성염증이 있는 경우.

⑨ 출혈, 혈우병, 괴혈병, 백혈병 등의 병중에 경우.

⑩ 국소가 어디든 간에 농양이 있는 경우.

⑪ 피부병, 즉 다발성 건선증, 습진, 헤드패스 포진, 임파관 표피의 염증, 피부에 발진이 있는 경우.

⑫ 부상 또는 피부가 심하게 자극을 받고 있을 때.

⑬ 정신병.

⑭ 정맥염증, 정맥혈전증 및 큰 정맥의 노장성 혈전증의 혈중에 있을 때.

⑮ 출혈성 소질이 있는 경우.

복부 마사지를 해서는 안 되는 경우로는, ① 디스크(헤르니아)의 경우 ② 임신과 월경기 ③ 담낭, 신장에 결석이 있을 때 등이다.

마사지를 하는 사람은 임파절의 종창현상을 그대로 빠뜨리고 지나치는 일이 없도록 주의해서 피술자의 어떤 요소에도 귀를 기울여야만 한다.

11. 스포츠 마사지에 필요한 시술자의 부위

① 모지구 : 엄지손가락의 부근부터 손목까지의 불룩한 부분
② 소지구 : 새끼손가락의 부근부터 손목까지의 불룩한 부분
③ 수근 : 손바닥의 손목부근의 부분
④ 지복 : 엄지손가락 둘째마디부터 검지손가락 셋째마디 아귀부분
⑤ 지두 : 손가락 하반의 첫째마디 부분(지문이 있는 곳)
⑥ 수장 : 손바닥 전체

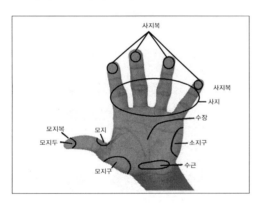
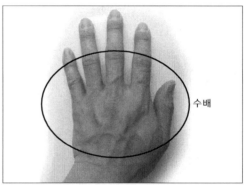

12. 스포츠 마사지의 기본 수기법

마사지는 사람의 손바닥으로 상대방의 신체표면에 대하여 구심성의 수기를 행하는 것으로서 대상 부분이 넓은가, 얇은가, 좁은가, 굳은가, 연한가, 두꺼운가 등에 따라서 가하는 압력도, 강도, 행하는 시간 등을 가감하지 않으면 안 된다.

기본 수기로서는 크게 경찰법, 강찰법, 유념법, 고타법, 진동법, 압박법 등이 있다. 실제로는 이들의 수기를 적당히 혼합하여 종합수기로서 행하게 되는 것이다.

13. 마사지에 필요한 인체의 주요근육

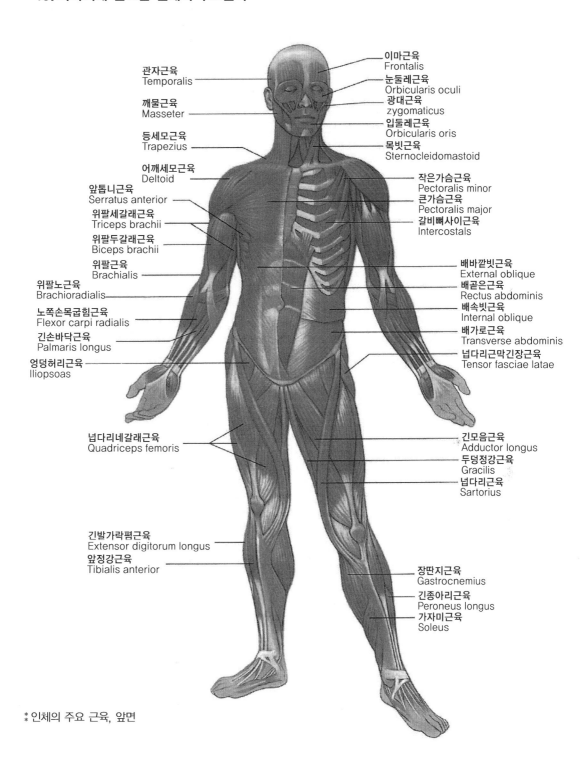

관자근육
Temporalis

깨물근육
Masseter

등세모근육
Trapezius

어깨세모근육
Deltoid

앞톱니근육
Serratus anterior

위팔세갈래근육
Triceps brachii

위팔두갈래근육
Biceps brachii

위팔근육
Brachialis

위팔노근육
Brachioradialis

노쪽손목굽힘근육
Flexor carpi radialis

긴손바닥근육
Palmaris longus

엉덩허리근육
Iliopsoas

넙다리네갈래근육
Quadriceps femoris

긴발가락폄근육
Extensor digitorum longus

앞정강근육
Tibialis anterior

이마근육
Frontalis

눈둘레근육
Orbicularis oculi

광대근육
zygomaticus

입둘레근육
Orbicularis oris

목빗근육
Sternocleidomastoid

작은가슴근육
Pectoralis minor

큰가슴근육
Pectoralis major

갈비뼈사이근육
Intercostals

배바깥빗근육
External oblique

배곧은근육
Rectus abdominis

배속빗근육
Internal oblique

배가로근육
Transverse abdominis

넙다리근막긴장근육
Tensor fasciae latae

긴모음근육
Adductor longus

두덩정강근육
Gracilis

넙다리근육
Sartorius

장딴지근육
Gastrocnemius

긴종아리근육
Peroneus longus

가자미근육
Soleus

＊ 인체의 주요 근육, 앞면

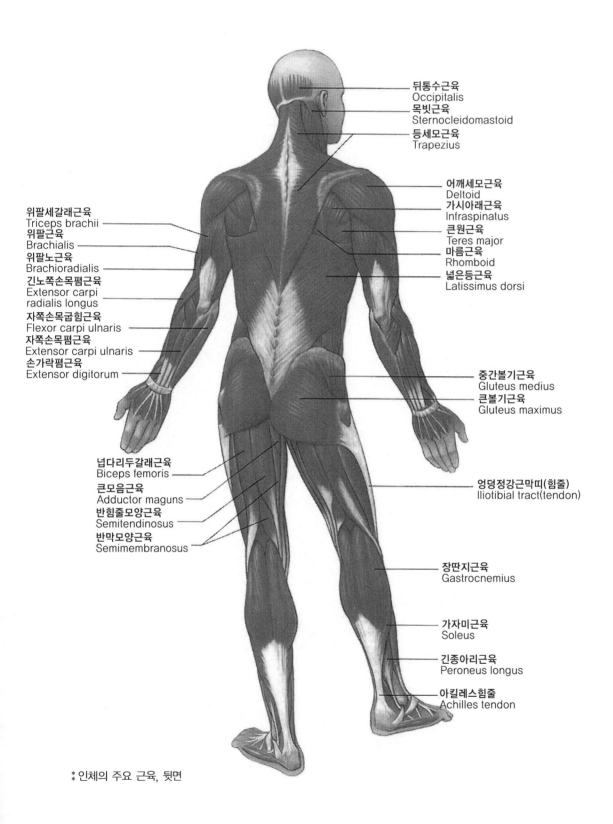

뒤통수근육
Occipitalis
목빗근육
Sternocleidomastoid
등세모근육
Trapezius

어깨세모근육
Deltoid
가시아래근육
Infraspinatus
큰원근육
Teres major
마름근육
Rhomboid
넓은등근육
Latissimus dorsi

위팔세갈래근육
Triceps brachii
위팔근육
Brachialis
위팔노근육
Brachioradialis
긴노쪽손목폄근육
Extensor carpi
radialis longus
자쪽손목굽힘근육
Flexor carpi ulnaris
자쪽손목폄근육
Extensor carpi ulnaris
손가락폄근육
Extensor digitorum

중간볼기근육
Gluteus medius
큰볼기근육
Gluteus maximus

넙다리두갈래근육
Biceps femoris
큰모음근육
Adductor maguns
반힘줄모양근육
Semitendinosus
반막모양근육
Semimembranosus

엉덩정강근막띠(힘줄)
Iliotibial tract(tendon)

장딴지근육
Gastrocnemius

가자미근육
Soleus

긴종아리근육
Peroneus longus

아킬레스힘줄
Achilles tendon

✽ 인체의 주요 근육, 뒷면

14. 마사지 실기편

1) 후경부의 마사지

(1) 양수장 경찰법

양 손의 손바닥 부위로 뒷목과 어깨, 윗 등 부위를 세부분으로 나누어 피부와 근육에 열이 나도록 여러 번 가볍게 문지르며 마사지하는 방법이다. 가장 처음에 시작하는 테크닉으로써 손을 비벼 따뜻하게 한 후 부드럽게 실시하며 피시술자의 긴장과 불안을 완화시켜 이후의 마사지를 용이하도록 인체가 마사지에 준비하게 하는 의미가 있다.

머리덮개널힘줄
Epicranial aponeurosis

관자근
Temporalis

뒤통수근
Occipitalis

목빗근
Sternocleidomastoid

등세모근
Trapesius

① 시술부위 : 후경부, 견부, 상배부의 피부층
② 수기수 : 양손 손바닥 전체
③ 시술수법 : 경찰법
④ 시술방법 : 다음 세부분으로 나누어 각각 3번에서 5번 정도 경찰법을 실시한다.
- 경부의 측면을 따라 양옆으로 문지르며 내려간다.
- 경부의 후면에서부터 견갑극 부위까지 문지르며 내려간다.
- 경부의 후면에서부터 견갑골 바깥쪽까지 문지르며 내려간다.

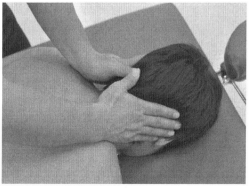

* 시작동작

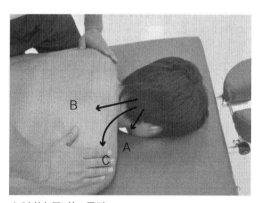

* C부분 끝나는 동작

(2) 모지 사지 유념법

뒷목부위의 근육들을 모지와 사지을 이용해서 가볍게 주무르는 마사지 방법이다. 긴장하기 쉬운 목근육을 이완시키며 피시술자가 편안함을 느끼도록 하여 전신의 이완을 유도하자.

① 시술부위 : 후경부의 표층과 심층의 근육
② 수기수 : 모지, 사지
③ 시술수법 : 유념법
④ 시술방법 : 손을 ㄷ자 모양으로 구부려 모지와 사지를 이용 후경부의 근육을 집어올리듯이 가볍고 경쾌하게 유념법을 사용한다. 상부에서 하부로 차근차근 이동하며 2~3차례 꼼꼼히 주무른다. 처음에는 상부 승모근과 견갑거근 등의 표층근육만을 집어 올리는 느낌으로 약하게 하고 마지막에는 두반극근, 경반극근, 다열근, 경추기립근 등의 심층근육까지 집어 올리는 느낌으로 깊고 약간 강하게 유념법을 사용한다. 양손을 교대로 사용하면 더욱 용이하게 시술할 수 있다.

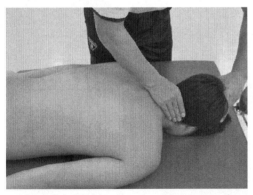 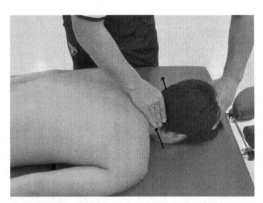

✻ 시작자세   **✻ 집어올리는 동작**

(3) 사지복 안유법

뒷머리부위의 근막들을 모지복과 사지복을 이용해서 가볍게 쓰다듬는 마사지 방법이다. 긴장하기 쉬운 목근육을 이완시키며 피시술자가 편안함을 느끼도록 하여 전신의 이완을 유도하자.

① 시술부위 : 모상근막, 후두근, 두반극근, 두판상근, 후두직근, 상 · 하두사근

② 수기수 : 사지복

③ 시술수법 : 안유법

④ 시술방법 : 가지런히 모은 양손의 사지복을 이용 후두부의 근육을 지긋이 눌러 쓰다
듬는 안유법을 사용한다. 목상부에서 후두부로 차근차근 이동하며 2~3차례 꼼꼼히
쓰다듬는다.

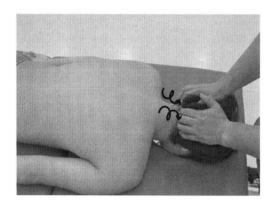
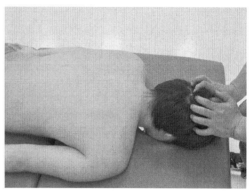

(4) 양수장 안유법

뒷목부위의 근육들을 양손바닥을 이용해서 가볍게 압박하며 비비거나 주무르는 마사지
방법이다. 목근육을 전체적으로 마사지하여 이완시키자.

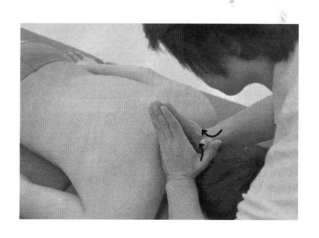

① 시술부위 : 후경부 심층의 근육

② 수기수 : 양손의 수장부

③ 시술수법 : 안유법

④ 시술방법 : 양손의 수장을 이
용 후경부의 근육을 집어 올
리듯이 가볍게 압박한 후 안
유법을 사용한다. 수장부 전
체를 사용하여 적당한 압력으
로 여러 번 비비도록 한다. 강

약을 조절하여 표층과 심층근육에 골고루 자극을 줄 수 있도록 하자. 수장을 좀 더 넓
혀서 목의 측면에 붙어있는 사각근 등의 근육에도 적용하면 더 좋다.

(5) 모지시지 강찰법

뒷머리부위의 근육들을 모지와 시지를 이용해서 주무르는 마사지 방법이다. 이전의 마사지로도 풀리지 않은 근육들을 이 방법으로 모두 이완시키도록 하자.

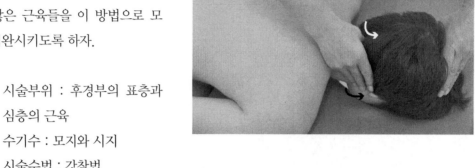

① 시술부위 : 후경부의 표층과 심층의 근육
② 수기수 : 모지와 시지
③ 시술수법 : 강찰법
④ 시술방법 : 손을 ㅅ자 모양으로 구부려 모지와 시지를 이용 후경부의 근육을 누르듯이 강하고 경쾌하게 강찰법을 사용한다. 상부에서 하부로 차근차근 이동하며 근육의 경직이 느껴지는 곳은 여러 차례 꼼꼼히 주무른다. 약간 강하게 누르듯이 강찰하여야 하므로 한손은 머리를 가볍게 잡아 고정시키도록 한다.

2) 견배부의 마사지

(1) 양수사지복회전경찰법

어깨 상부 부위의 근육들을 양손의 사지복을 이용해서 가볍게 비비는 마사지 방법이다. 인체 중 뒷목과 더불어 근육이 많이 피로한 부분의 하나이므로 피부와 표층의 근막을 비벼 열이 나도록 만들어서 이후의 마사지가 용이하도록 만들자.

① 시술부위 : 견배부의 피부와 표층근육의 근막
② 수기수 : 양손의 사지복
③ 시술수법 : 회전경찰법
④ 시술방법 : 사지복으로 상부승모근과 견갑거근의 부착부, 극상근 등의 피부와 근막층에 가볍게 경찰법을 사용한다. 중심쪽에서 바깥쪽으로 이동하며 가볍게 비비도록 한다. 회전하며 경찰하는 방법도 있다.

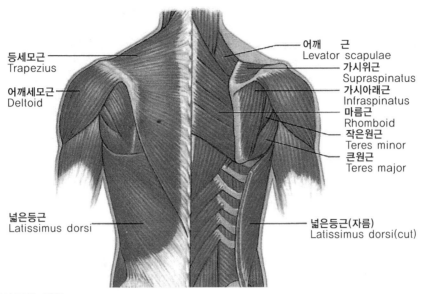

등세모근
Trapezius

어깨세모근
Deltoid

넓은등근
Latissimus dorsi

어깨   근
Levator scapulae

가시위근
Supraspinatus

가시아래근
Infraspinatus

마름근
Rhomboid

작은원근
Teres minor

큰원근
Teres major

넓은등근(자름)
Latissimus dorsi(cut)

* 몸통의 근육, 뒷면

* 팔이음뼈를 움직이는 근육

근육	이는곳	닿는곳	작용
등세모근	뒤통수뼈, 목뼈 및 등뼈의 가시돌기	어깨뼈가시와 봉우리	어깨뼈를 회전 및 위로올림 ; 어깨뼈 모음; 어깨압박 ; 머리신전
어깨올림근	첫 4개 목뼈	어깨뼈	어깨뼈의 모음 및 회전 ; 한쪽 방향으로 머리굽힘
마름근	7번째 목뼈와 첫 5개 등뼈	어깨뼈	사각형의 어깨모양으로 어깨뼈 내전 ; 카누의 노와 같이 어깨뼈 회전
앞톱니근	첫8개 갈비뼈	어깨뼈	어깨뼈 벌림(앞쪽으로 당김) 및 회전
작은가슴근	3~5개 갈비뼈	어깨뼈, 부리돌기	어깨뼈를 앞아랫쪽으로 당김 ; 갈비뼈거상

* 팔을 움직이는 근육

근육	이는곳	닿는곳	작용
큰가슴근	빗장뼈, 복장뼈, 첫 6개 갈비뼈의 갈비뼈 연골	위팔뼈의 큰돌기	팔의 굽힘 ; 모음 및 안쪽 회전
넓은등근	하위 6개 등뼈의 가시돌기	위팔뼈의 돌기사이구	팔의 폄 ; 팔의 모음 및 안쪽회전 ; 어깨를 뒤아래방향으로 당김
등세모근	어깨뼈돌기와 봉우리, 빗장뼈	위팔뼈의 등세모근의 거친면	팔의 모음 ; 위팔뼈의 펼침 및 굽힘보조
어깨아래근	어깨뼈, 앞면	위팔뼈의 작은돌기	팔의 안쪽회전
가시위근	어깨뼈, 뒷면	위팔뼈의 큰돌기	팔의 모음
가시아래근	어깨뼈, 뒷면아래	위팔뼈의 큰돌기	팔의 가쪽회전
큰원근	어깨뼈	위팔뼈의 작은돌기	펼침, 모음, 팔의 안쪽회전
작은원근	어깨뼈	위팔뼈의 큰돌기	가시아래근과 함께 팔의 가쪽회전

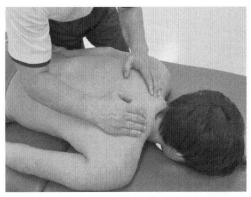

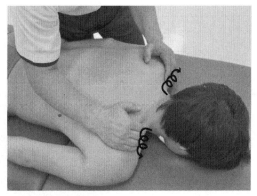

** 처음 시작 동작   ** 경찰법의 중간동작

(2) 양모지복회전강찰법

어깨 상부 부위의 근육들을 양손의 모지복을 이용해서 회전하며 비비는 마사지 방법이다.

① 시술부위 : 상부승모근과 견갑거근의 부착부, 극상근 등
② 수기수 : 양손의 모지복
③ 시술수법 : 회전 강찰법
④ 시술방법 : 사지복으로 상부승모근과 견갑거근의 부착부, 극상근 등에 회전 강찰법을 사용한다. 중심쪽에서 바깥쪽으로 이동하며 마사지하도록 한다.

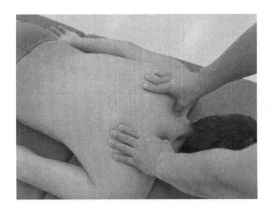

(3) 양수장유념법

어깨 상부 부위의 근육들을 양손을 이용해서 주무르는 마사지 방법이다.

① 시술부위 : 상부승모근과 견갑거근의 부착부, 극상근 등

② 수기수 : 양손

③ 시술수법 : 유념법

④ 시술방법 : 양손으로 상부승모근과 견갑거근의 부착부, 극상근 등에 유념법을 사용한다. 중심쪽에서 바깥쪽으로 이동하며 마사지하도록 한다.

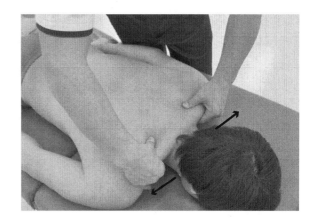

(4) 양모지회전안유법

어깨 상부 부위의 근육들을 교차한 양모지를 이용해서 눌러서 회전하는 마사지 방법이다. 근육이 많이 피로한 부분이므로 앞에 기술한 테크닉으로 잘 이완되지 않는 부분들을 이완시켜 주자.

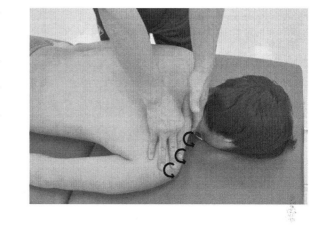

① 시술부위 : 상부 승모근과 견갑거근

② 수기수 : 모지복

③ 시술수법 : 회전 안유법

④ 시술방법 : 교차시킨 양모지복으로 상부승모근과 견갑거근의 부착부의 이완되지 않은 곳을 위주로 회전 안유법을 사용한다. 손끝의 감각에 집중해서 이완되지 않은 곳은 모두 찾아 이완될 때까지 여러 번 시행한다.

(5) 수장회전강찰법

어깨 상부 부위의 근육들에 수장을 이용해서 강하게 회전하며 비비는 마사지 방법이다. 앞에 기술한 테크닉으로 풀어지며 흥분되어 있는 근육들을 진정시켜 주자.

① 시술부위 : 상부승모근 주변의 전체 근육
② 수기수 : 수장
③ 시술수법 : 회전 강찰법
④ 시술방법 : 교차시킨 양 모지복으로 상부승모근과 견갑거근의 부착부의 이완되지 않은 곳을 위주로 회전 강찰법을 사용해 강하게 해서 진정시킨다.

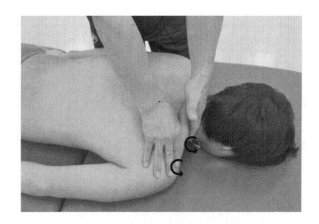

(6) 양수교차유념법

견갑골 바깥쪽의 근육들을 교차한 양손을 이용해서 엇갈려 주무르는 마사지 방법이다. 피시술자가 아프거나 간지러움을 많이 느끼는 부위이다. 따라서 손끝이 아닌 손마디 부분을 사용하도록 한다.

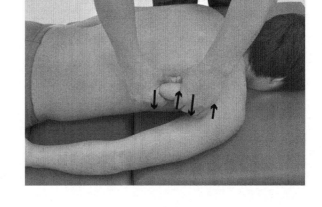

① 시술부위 : 광배근, 대원근, 소원근, 극하근
② 수기수 : 양손
③ 시술수법 : 유념법
④ 시술방법 : 양손으로 견갑골 바깥쪽에 위치한 대원근, 소원근과 극하근, 광배근의 일부를 집어서 서로 엇갈리게 교차하며 주무른다. 예민한 부위이므로 너무 강하지 않게 적당한 압력으로 시행한다.

(7) 사지복강찰법

견갑골 바깥쪽의 근육들을 한손은 위에서 눌러 고정시키고 다른손은 사지복을 이용하여 겨드랑이 안쪽에서 부터 근육을 끌어올리는 마사지 방법이다. 고정시키는 손과 끌어올리는 손 모두 적당한 압력을 가하도록 하자.

① 시술부위 : 광배근, 대원근, 소원근, 극하근, 견갑하근

② 수기수 : 양손의 사지복

③ 시술수법 : 강찰법

④ 시술방법 : 간접수의 사지복으로는 견갑외연의 근육들을 눌러 고정시키고 직접수의 사지복으로는 견갑외연의 근육들을 견갑 하측에서부터 집어

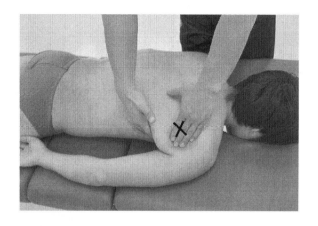

견갑골을 따라 끌어올리며 강찰법을 시행한다. 예민한 부위이므로 손끝의 뾰족한 부위를 사용하지 않도록 하고 적당한 압력으로 시행한다.

(8) 양수장근막분리법

양 손으로 견배부의 근막을 잡아 늘여 근막을 분리하는 마사지 방법이다. 견갑골 주위는 중력에 대한 자세성과 일반적으로 손을 많이 사용함으로 인한 활동성의 근막 유착이나 구축이 많이 생기는 부위이다. 근막의 탄력도에 따라 강약과 시간을 조절해 사용하자.

① 시술부위 : 중부승모근과 견갑골 주변 근육들의 근막

② 수기수 : 양수장

③ 시술수법 : 근막 분리법

④ 시술방법 : 견갑골 위에 양손을 대고 손가락을 말면서 견배부의 근막을 움켜잡아 지긋이 밀거나 당기도록 한다. 초기 저항이 이완되며 없어질 때까지 지긋이 힘을 가하면 근막이 순간적으로 이완되는 것을 느낄 수 있다. 밀고 당기는 양쪽 방향이 모두 이완될 때까지 시행하자.

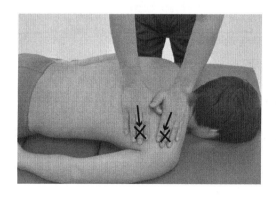

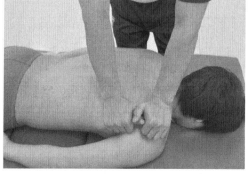

(9) 양모지압박법

견갑골과 척추 사이의 근육들을 교차한 양모지를 이용해서 누르는 마사지 방법이다. 양쪽 중 한쪽이 더 많이 경직되어 있는 것을 흔히 볼 수 있다. 트리거 포인트를 잘 찾아서 압박을 가하자.

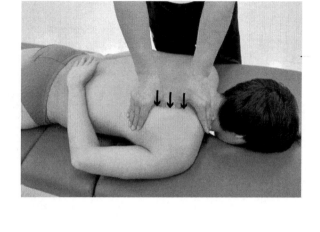

① 시술부위 : 중부 승모근과 견갑거근, 능형근
② 수기수 : 교차시킨 양모지복
③ 시술수법 : 압박법
④ 시술방법 : 피시술자의 손을 허리에 올려 견갑골을 전방과 상방회전을 시켜 근육을 이완시켜 놓은 후 교차시킨 양모지복으로 능형근과 견갑거근의 부착부에 압박법을 사용한다.

(10) 모지시지간강찰법

한손으로 어깨를 들고 반대 손의 모지와 시지로 견갑골과 갈비뼈 사이로 넣어 강하게 비비는 마사지 방법이다.

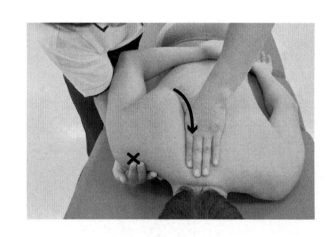

① 시술부위 : 중부 승모근과 견갑거근, 능형근, 부척추 기립근
② 수기수 : 모지와 시지
③ 시술수법 : 강찰법
④ 시술방법 : 피시술자의 손은 허리에 올린 후 피시술자의 올린 손과 같은 쪽인 시술자의 손으로 견관절을 들어 올려 견갑골을 갈비뼈와 분리한다. 반대쪽 손의 모지와 시지로 분리된 곳 사이에 깊숙이 넣어 강찰한다. 견갑골과 갈비뼈 사이가 많이 유착되

어 있는 경우에는 점진적으로 시행하도록 한다.

(11) 모지강압법

10번째 테크닉인 모지시지간강
찰법과 동일하게 한손으로 어깨를
들고 반대 손의 모지로 견갑골과
갈비뼈 사이로 넣어 강하게 누르는
마사지 방법이다.

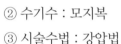

① 시술부위 : 중부 승모근과 견
　　갑거근, 능형근, 부척추 기립
　　근
② 수기수 : 모지복
③ 시술수법 : 강압법
④ 시술방법 : 피시술자의 손은 허리에 올린 후 피시술자의 올린손과 같은쪽인 시술자의
　　손으로 견관절을 들어올려 견갑골을 갈비뼈와 분리한다. 반대쪽 손의 모지복으로 분
　　리된 곳 사이에 깊숙이 넣어 강압한다. 앞에 기술한 모지시지간강찰법으로도 잘 이완
　　되지 않은 견갑골과 갈비뼈 사이가 많이 유착되어 있는 곳에 집중적으로 시행하도록
　　한다.

(12) 상지거상모지압박법

피시술자의 한 팔을 들어 올려 견갑골 바깥쪽의 근육들에 모지복을 이용해서 압박하여
이완시키는 마사지 방법이다. 상완골두 내측에는 여러 근육들이 붙어있으므로 손끝에 감
각을 집중하여 경직되어있는 곳에 집중적으로 시행하자.

① 시술부위 : 광배근, 대원근, 소원근, 극하근, 견갑하근, 전거근
② 수기수 : 모지복
③ 시술수법 : 압박법
④ 시술방법 : 한손으로 피시술자의 팔을 들어올려 잡아당기며 다른 한손의 모지복으로
　　는 견갑골 바깥쪽에 위치한 대원근, 소원근과 극하근, 광배근, 전거근의 부착부위를

눌러서 압박한다. 각 근육의 부착부위가 모두 조금씩 다르므로 상지를 거상하는 각도를 조절하며 약한 근육의 부착부위나 손끝에서 느껴지는 경직된 부위를 모두 찾아서 압박한다.

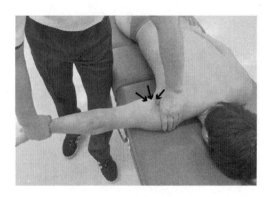 

3) 등배부

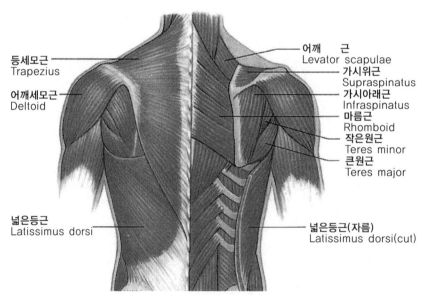

등세모근
Trapezius

어깨세모근
Deltoid

넓은등근
Latissimus dorsi

어깨   근
Levator scapulae

가시위근
Supraspinatus

가시아래근
Infraspinatus

마름근
Rhomboid

작은원근
Teres minor

큰원근
Teres major

넓은등근(자름)
Latissimus dorsi(cut)

* 몸통의 근육, 뒷면

(1) 양수장경찰법

양 손의 손바닥 부위로 등배부의 피부와 근육에 열이 나도록 여러 번 가볍게 문지르며 마사지하는 방법이다. 항상 가장 처음에 시작하는 테크닉인 경찰법은 손을 비벼 따뜻하게 한 후 부드럽게 실시하며 피시술자의 긴장과 불안을 완화시켜 이후의 마사지를 용이하도록 인체가 마사지에 준비하게 하자.

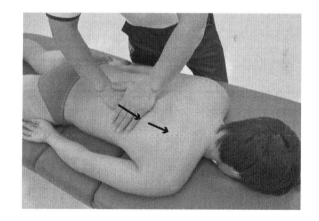

① 시술부위 : 척추기립근 군
② 수기수 : 양손 손바닥 전체
③ 시술수법 : 경찰법
④ 시술방법 : 1행선(척추기립근)과 2행선(부척추기립근)의 2부분으로 나누어 각각 3번에서 5번 정도 경찰법을 실시한다.

• 1행선 – 척추 극돌기의 바로 양옆을 어깨에서부터 천골 위 허리까지 양옆으로 문지르며 내려간다.
• 2행선 – 척추 횡돌기의 옆을 어깨에서부터 골반 위 허리까지 양옆으로 문지르며 내려간다.

(2) 양수교차사지복경찰법(응용: 강찰법/압박법)

양손을 교차하여 아래쪽 손의 사지복으로 등배부의 근육을 가볍게 문지르며 마사지하는 방법이다. 척추기립근은 아주 강력한 근육이므로 긴장도 또한 높다. 부드럽게 실시하여 표층에서부터 심층으로 점층적인 이완을 유도하자. 긴장의 정도가 심한 부위는 강찰이나 압박법을 사용해도 되는 실용적인 마사지 방법이다.

① 시술부위 : 척추기립근 군
② 수기수 : 사지복

③ 시술수법 : 경찰법

④ 시술방법 : 한손의 사지복 위에 다른 손을 덮고 가볍게 체중을 실어서 척추기립근을 각각 3번에서 5번 정도 경찰법을 실시한다. 척추 극돌기의 바로 옆의 볼록한 근육 부위를 어깨에서부터 천골 위 허리까지 문지르며 내려간다.

(3) 수장회전강찰법(응용: 수근회전경찰법)

양손의 손바닥 부위로 등배부 근육에 강하게 회전하며 문지르는 마사지 방법이다. 수근부위에 좀 더 체중을 실고 가볍게 문지르면 수근회전경찰법으로 응용할 수 있다.

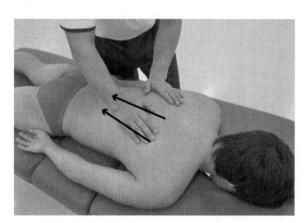

① 시술부위 : 척추기립근 군

② 수기수 : 양손 손바닥 전체

③ 시술수법 : 강찰법

④ 시술방법 : 양손바닥에 가볍게 체중을 실어서 척추기립근에 각각 3번에서 5번 정도 경찰법을 실시한다. 척추 극돌기의 바로 양옆을 어깨에서부터 천골 위 허리까지 양옆으로 문지르며 내려간다.

(4) 양수배강찰법(응용: 압박법/안유법)

양손을 가볍게 말아 쥐어 손등쪽의 손가락 마디 부위로 등배부의 근육에 여러 번 강하게 문지르며 마사지하는 방법이다. 체중을 많이 실으면 압박법으로도 체중을 약간 실어 압박을 가한 후 위 아래로 비비면 안유법으로도 응용할 수 있다.

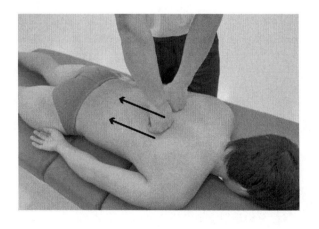

① 시술부위 : 척추기립근 군

② 수기수 : 양수배

③ 시술수법 : 강찰법

④ 시술방법 : 양손을 가볍게 말아 쥔 수배 부위를 사용해 가볍게 체중을 실어서 척추 극돌기의 바로 양 옆 척추기립근을 어깨에서부터 천골 위 허리까지 문지르며 각각 3번에서 5번 정도 강찰법을 실시한다.

(5) 사지복근막분리법

양손 중 위쪽 손의 손날 부분으로 근막을 고정시키고 다른 손의 사지복으로는 고정시킨 부분 아래쪽의 근막을 밀어 올려 근막을 분리하는 방법이다.

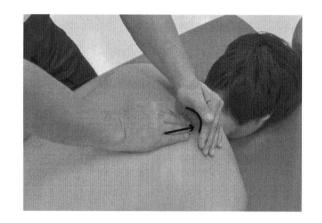

① 시술부위 : 척추기립근 군의 근막

② 수기수 : 한손의 손날과 다른 손의 사지복

③ 시술수법 : 근막분리법

④ 시술방법 : 양손 중 위쪽 손의 손날 부분으로 근막을 고정시키고 다른 손의 사지복으로는 고정시킨 부분 아래쪽의 근막을 밀어 올리며 내려가는데 손가락 두 개 간격으로 근막분리법을 실시한다. 반대로 손날 부분으로 근막을 밀어 내리는 방법도 가능하다. 어깨에서부터 천골 위 허리까지 문지르며 내려간다.

(6) 양수장근막분리법(종 → 횡)

양 손으로 등배부의 근막을 잡아 늘여 근막을 분리하는 마사지 방법이다. 등배부는 위아래의 굴곡, 신전, 측굴 방향의 움직임과 좌우의 회전 방향의 움직임이 많은 부위임으로 특정 방향의 근막 유착이나 구축이 생기기 쉬우므로 사지복근막분리법과 같이 시행해주면 좋은 테크닉이다. 근막의 탄력도에 따라 강약과 시간을 조절해 사용하는 것을 잊지 말자.

① 시술부위 : 척추 기립근과 그 주위의 근막

② 수기수 : 양 수장

③ 시술수법 : 근막 분리법

④ 시술방법 : 척추 기립근 부위에 양손을 대고 손가락을 말면서 근막을 움켜잡아 지긋이 밀거나 당기도록 한다. 초기 저항이 이완되며 없어질 때까지 지긋이 힘을 가하면 근막이 순간적으로 이완되는 것을 느낄 수 있다. 밀고 당기는 양쪽 방향이 모두 이완될 때까지 시행하자.

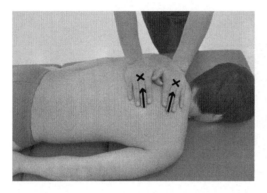 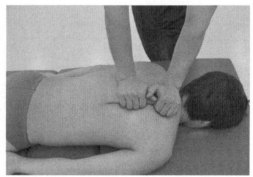

(7) 양수장교차압박법

양손을 교차하여 아래쪽의 손바닥 부위로 등배부의 근육에 체중을 실어 압박하며 내려가는 마사지하는 방법이다. 체중을 충분히 실어서 심층의 근육도 충분히 압박하여 이완시킬 수 있도록 하자.

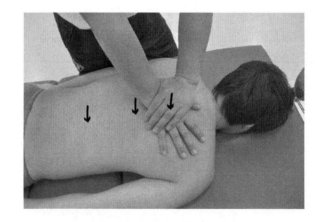

① 시술부위 : 척추기립근 군

② 수기수 : 손바닥 수근 부위

③ 시술수법 : 압박법

④ 시술방법 : 한손의 수장을 마사지할 척추기립근 부위를 덥고 다른손으로 덮어 충분히 체중을 실은 후 척추 극돌기의 바로 옆 척추 기립근의 심층을 어깨에서부터 천골 위 허리까지 압박하며 내려간다.

(8) 양모지압박법(1행선 : 척추기립근 → 2행선)

양손의 모지부위를 교차하여 손가락을 충분히 보호한 후 양모지복으로 등배부의 근육을 강하게 압박하며 위에서 아래로 내려가는 마사지 방법이다. 앞에 기술한 양수장경찰법과 마찬가지로 1행선과 2행선으로 나누어 시행한다.

① 시술부위 : 척추기립근과 부척주기립근
② 수기수 : 양모지
③ 시술수법 : 압박법
④ 시술방법 : 1행선(척추기립근)과 2행선(부척추기립근)의 2부분으로 나누어 각각 손가락 2개 간격으로 압박법을 실시한다.
  • 1행선 - 척추 극돌기의 바로 양옆을 어깨에서부터 천골 위 허리까지 양옆으로 압박하며 내려간다.
  • 2행선 -척추 횡돌기의 옆을 어깨에서부터 골반 위 허리까지 양옆으로 압박하며 내려간다.

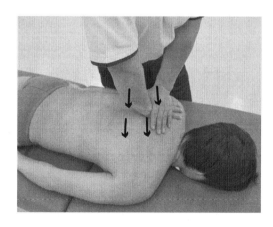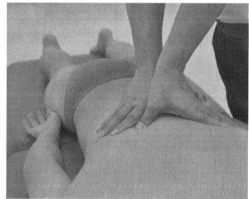

(9) 양수장평행경찰법

양 손의 손바닥 부위로 횡방향으로 등배부의 혈액과 임파액이 순환되도록 가볍게 문지르며 마사지하는 방법이다. 앞에 기술한 마사지 방법으로 이완되어 있는 근육내의 혈액이나 임파액을 다른 곳으로 유도하여 신선한 혈액이 빨리 공급되도록 하자. 앞에 기술한 마사지로 흥분되어 있는 등배부의 근육을 진정시키는 효과도 있다.

① 시술부위 : 등배부 전체

② 수기수 : 양손 손바닥 전체

③ 시술수법 : 경찰법

④ 시술방법 : 양 수장으로 등배부의 한쪽 끝에서 반대쪽 끝까지 체중을 이용하여 가볍게 왕복하며 어깨에서 허리까지 내려가도록 한다. 밀 때에는 수근부에 체중을 싣고 당길 때에는 사지복에 체중을 싣도록 한다.

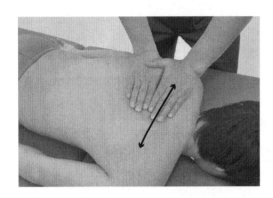 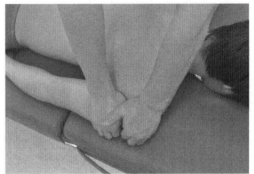

(10) 양수장타동법(절타법 → 박타법 → 고타법)

등배부의 마무리 동작으로 양손을 이용하여 척추기립근 군에 진동을 가하여 마사지 하는 방법이다. 항 중력근인 기립근은 너무 이완되어 있으면 자세 유지 밸런스가 무너지므로 진동으로 혈액순환을 촉진시키고 약간의 긴장을 유도하여 근육을 안정시키자. 타동법은 한부위의 마사지가 끝날 때 흔히 사용하는 방법으로 그만큼 근육을 안정시키는데 큰 효과가 있다.

① 시술부위 : 척추기립근 군

② 수기수 : 양손

③ 시술수법 : 타동법

④ 시술방법 : 어깨와 손에는 힘을 빼고 절타법은 손날을 이용하고, 박타법은 손을 가볍게 오므려 이용하고 고타법은 손가락을 가볍게 말아쥐어 살이 많은 손날 부위을 이용해서 힘을 뺀 상태의 자신이 낼 수 있는 가장 빠르게 두드려 진동을 가한다. 단 장시간의 진동법은 오히려 이완을 유도하기 때문에 짧게 30초에서 1분 정도만 사용한다.

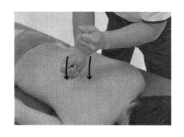 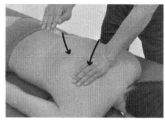 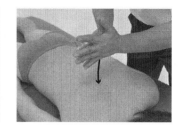

(11) 양수장경찰법

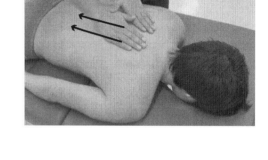

양 손의 손바닥 부위로 등배부 전체에 한
두 번 가볍게 문지르는 마사지방법이다. 처
음 시작할 때와 같은 테크닉이지만 그 의미
는 달라 척추 기립근을 진정시켜 마사지를
마무리하는 동작이다.

① 시술부위 : 척추기립근 군
② 수기수 : 양손 손바닥 전체
③ 시술수법 : 경찰법
④ 시술방법 : 1행선과 2행선의 2부분으로 나누어 어깨에서부터 허리까지 각각 한두 번
정도 약한 압력으로 경쾌하게 경찰법을 실시한다.

4) 요부

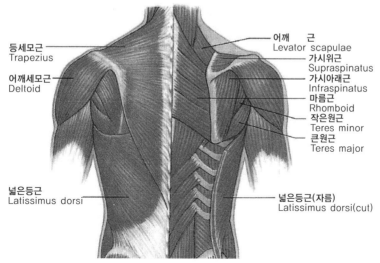

등세모근
Trapezius

어깨세모근
Deltoid

넓은등근
Latissimus dorsi

어깨   근
Levator scapulae

가시위근
Supraspinatus

가시아래근
Infraspinatus

마름근
Rhomboid

작은원근
Teres minor

큰원근
Teres major

넓은등근(자름)
Latissimus dorsi(cut)

* 몸통의 근육, 뒷면

(1) 양수장평행경찰법/강찰법

허리 부위의 근육들을 양손의 손 바닥을 이용해서 가로방향으로 가 볍게 비비는 마사지 방법이다. 체 중을 지지하는데 중요한 역할을 하 므로 근육이 많이 피로한 부분이다 일단 가볍게 열을 내자.

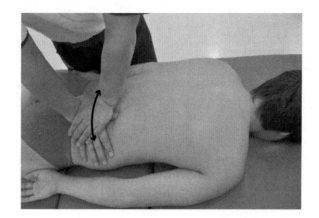

① 시술부위 : 요부의 피부층과
   표층의 근막
② 수기수 : 양수장
③ 시술수법 : 경찰법 이후 강찰법
④ 시술방법 : 양수장으로 외복사근과 요방형근 척추기립근 등의 피부와 근막층에 가볍
   게 경찰법을 사용한다. 한쪽에서 다른쪽으로 평행 이동하며 가볍게 비비도록 한다.
   세 네 번 경찰 후 이완이 되면 강찰법으로 바꾸어 시행한다.

(2) 양수장교차경찰법/강찰법

허리 부위의 근육들을 양손의 손바닥을 이용해서 중심에서 바깥쪽 방향으로 서로 교차 하며 가볍게 비비는 마사지 방법이다. 표층에서 심층으로 압력이 향하도록 점증적으로 체 중을 실어가자.

① 시술부위 : 요부의 표층과 심층의 근육
② 수기수 : 양수장
③ 시술수법 : 경찰법 이후 강찰법
④ 시술방법 : 양손의 수장을 서로 엇갈리게 요부의 척추기립근 위에 놓은 후 중심에서
   외측으로 교차하며 외복사근과 요방형근 척추기립근 등의 근육에 가볍게 경찰법을
   사용한다.
   세 네 번 경찰 후 이완이 되면 강찰법으로 바꾸어 시행한다.

(3) 양모지압박법

허리 부위의 근육들을 양손의 모지복을 이용해서 위에서 아래쪽 방향으로 지긋이 누른 후 비비는 마사지 방법이다. 체중을 실을 때 엄지가 상하지 않도록 양손을 꼭 붙여서 시행하자.

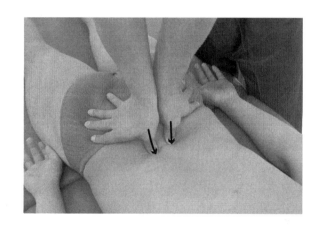

① 시술부위 : 요추 기립근

② 수기수 : 양모지복

③ 시술수법 : 압박법

④ 시술방법 : 양모지복을 모아서 요부의 척추기립근 위에 놓은 후 체중을 살짝 가하여 지긋이 눌러 압박한다. 상부 요추 부위에서 천골까지 시행한다.

(4) 양모지안유법(요방형근)

양쪽 옆의 요방형근을 양손의 모지복을 이용해서 가볍게 누른 후 쓰다듬는 마사지 방법이다. 예민한 부위이므로 피시술자가 아프거나 간지러워 할 수 있다. 정확하게 요방형근의 부착부위인 요추 횡돌기를 찾아서 긴장된 곳 위주로 시행하자.

① 시술부위 : 요방형근

② 수기수 : 모지복

③ 시술수법 : 안유법

④ 시술방법 : 양 모지복으로 요추 횡돌기에 부착되어 있는 요방형근 위에 놓은 후 적당히 힘을 가하여 안유한다. 요추 5번에는 근육이 없으므로 허리를 4부분으로 나누어 시행한다.

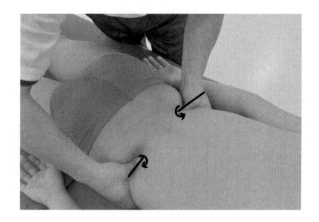

(5) 양수교차사지복압박법/안유법(외복사근, 위 → 아래, 압 → 뒤)

외복사근을 사지복을 이용해서 위아래 앞뒤 방향으로 지긋이 누른 후 압박하고 쓰다듬는 마사지 방법이다. 간지러움을 많이 느낄 수 있으니 손가락 끝에는 힘을 빼고 손마디 전체를 이용하는 느낌으로 시행하자.

① 시술부위 : 외복사근

② 수기수 : 사지복

③ 시술수법 : 압박법 이후 안유법

④ 시술방법 : 양사지복을 겹쳐 외복사근에 지긋이 압박법을 약 20초간 사용한 후 위아래 앞뒤 네 방향으로 여러 차례 안유법을 시행한다.

(6) 이지수배압박법(너클, 척추 기립근)

허리 부위의 근육들을 양쪽의 둘째 손가락의 수배 부위를 이용해서 위에서 아래쪽 방향으로 지긋이 누르는 마사지 방법이다. 손가락 관절 부위를 사용하면 피시술자가 아픔을 느낄 수도 있고 관절면의 피부가 손상될 수도 있으므로 마디부위를 사용하도록 하자.

① 시술부위 : 요추 기립근

② 수기수 : 이지수배

③ 시술수법 : 압박법

④ 시술방법 : 양 이지수배 부위나 너클 모양의 사지수배 부위를 요부의 척추기립근 위에 놓은후 체중을 가하여 지긋이 눌러 압박한다. 상부 요추 부위에서 천골까지 시행한다.

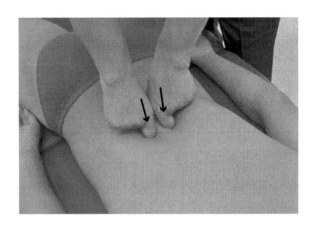

(7) 양수장거상압박법

한손으로는 골반을 잡아 올리고 다른 손으로는 허리 부위의 근육들을 손바닥 부위를 이용해서 아래쪽 방향으로 누르는 마사지 방법이다. 양손의 원활한 협력과 누를 때 체중을 효과적으로 이용하도록 하자.

① 시술부위 : 요추 기립근과 요방형근

② 수기수 : 수장

③ 시술수법 : 압박법

④ 시술방법 : 한손으로는 골반의 전상 장골극 부위를 받쳐 최대한 들어 올리고 다른 손은 요부의 척추기립근 위에 놓은 후 체중을 가하여 지긋이 눌러 압박한다. 이때 골반을 받친 손은 적당히 저항하며 내려놓는다. 요추 기립근과 요방형근에 입체적으로 골고루 압력이 받도록 신경써서 시행하자.

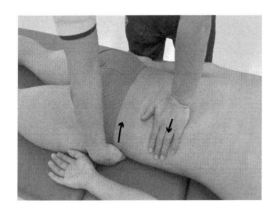 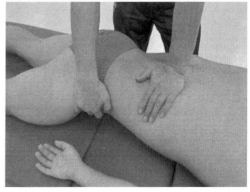

5) 둔부

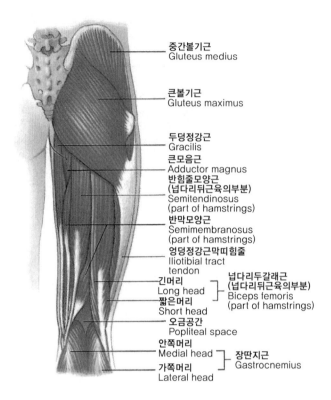

중간볼기근
Gluteus medius

큰볼기근
Gluteus maximus

두덩정강근
Gracilis

큰모음근
Adductor magnus

반힘줄모양근
(넙다리뒤근육의부분)
Semitendinosus
(part of hamstrings)

반막모양근
Semimembranosus
(part of hamstrings)

엉덩정강근막띠힘줄
Iliotibial tract
tendon

긴머리
Long head
짧은머리
Short head

넙다리두갈래근
(넙다리뒤근육의부분)
Biceps femoris
(part of hamstrings)

오금공간
Popliteal space

안쪽머리
Medial head
가쪽머리
Lateral head

장딴지근
Gastrocnemius

* 오른쪽 넓적다리와 골반의 근육, 뒷면

* 넓적다리를 움직이는 근육

근육	이는곳	닿는곳	작용
엉덩허리근	엉덩뼈능선과 허리뼈	넓적다리의 작은돌기	넓적다리를 굽힘 및 안쪽회전
넙다리근막긴장근	엉덩뼈능선	넓적다리근육막에 의한 정강뼈	넓적다리 벌림, 굽힘, 안쪽회전
큰볼기근	엉덩뼈, 엉치뼈, 꼬리뼈	넓적다리의 뒷면, 넓적다리근육막	넓적다리 펼침
중간볼기근	엉덩뼈	넓적다리의 큰돌기	넓적다리 벌림과 안쪽회전
긴모음근	두덩뼈와 두덩뼈결합	넓적다리의 뒷면	넓적다리 모음, 가쪽회전
큰모음근	궁둥돌기	넓적다리의 뒷면	넓적다리 모음 ; 넓적다리의 앞부분 굽힘, 넓적다리 뒷부분펼침
두덩정강근	두덩뼈	정강뼈의 속면	넓적다리 모음 ; 다리의 굽힘과 안쪽회전

(1) 양수장회전강찰법

양 손의 손바닥 부위로 둔부의 근육에 강하게 회전하며 문지르는 마사지 방법이다. 둔부는 지방이 많고 긴장도가 높기 때문에 경찰법 없이 바로 강찰법으로 시작하자.

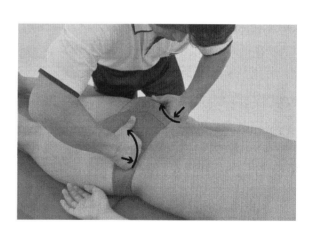

① 시술부위 : 대둔근, 중둔근, 소둔근, 이상근 등
② 수기수 : 양수장
③ 시술수법 : 강찰법
④ 시술방법 : 양쪽의 수장 부위로 지긋이 체중을 실으며 압력을 가하여 양쪽 대둔근, 중둔근, 소둔근, 이상근 등의 부착부에 골고루 강찰법을 실시한다. 일정한 압력과 리듬으로 강찰해야 효과적이다.

(2) 양수배안유법

양손의 손가락 손등 쪽 부위로 둔부의 근육에 지긋이 누른 후 쓰다듬는 마사지 방법이다. 수배 부위로 좀 더 넓은 부위를 섬세하게 마사지 할 수 있다.

① 시술부위 : 대둔근, 중둔근, 소둔근, 이상근 등
② 수기수 : 양수배
③ 시술수법 : 안유법
④ 시술방법 : 양손의 수배 부위로 양쪽 대둔근, 중둔근, 소둔근, 이상근 등의 부착부에 지긋이 체중을 실으며 압력을 가하여 골고루 안유법을 실시한다. 적당한 압력을 가하여 안유하며 긴장된 곳은 모두 찾아 섬세하게 시행하자.

(3)모지안유법/압박법(8군데)

양손의 모지복을 이용해서 장골능과 천골측면을 따라 자주 나타나는 8군데의 트리거 포인트를 지긋이 누른 후 쓰다듬는 마사지 방법이다.

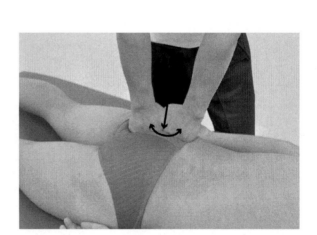

① 시술부위 : 대둔근, 중둔근, 소둔근, 이상근 등
② 수기수 : 모지복
③ 시술수법 : 안유법
④ 시술방법 : 양 모지복으로 대둔근, 중둔근, 소둔근, 이상근 등에 적당히 힘을 가하여 안유한다.

(4) 양수배평행안유법/압박법

양손을 나란히 주먹 쥐고 정권쪽 부위로 둔부의 근육에 지긋이 누른 후 쓰다듬는 마사지 방법이다. 정권 부위로 더 넓은 부위를 강하게 마사지하자.

① 시술부위 : 대둔근, 중둔근, 소둔근, 이상근 등
② 수기수 : 양수배
③ 시술수법 : 안유법
④ 시술방법 : 양손의 수배 부위로 대둔근, 중둔근, 소둔근, 이상근 등의 부착부에 지긋이 체중을 실으며 압력을 가하여 골고루 안유법을 실시한다. 강한 압력을 가하여 안유하며 긴장된 곳은 모두 찾아 완전히 이완시키자.

(5) 장압유동법

양쪽 장골능 부위의 근육에 수장
을 이용해서 눌러 교대로 흔드는
마사지 방법이다. 경쾌하고 리드미
컬하게 흔들자.

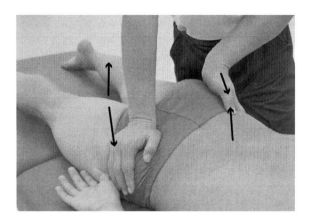

① 시술부위 : 장골능
② 수기수 : 양수장
③ 시술수법 : 유동법
④ 시술방법 : 수장을 양쪽 장골
　능 부위의 근육에 올려 교대
　로 압박하는 유동법을 시행한다.

6) 하지 - 복와위

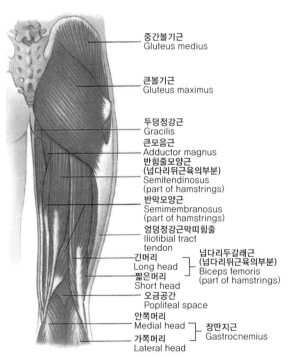

중간볼기근
Gluteus medius

큰볼기근
Gluteus maximus

두덩정강근
Gracilis

큰모음근
Adductor magnus

반힘줄모양근
(넙다리뒤근육의부분)
Semitendinosus
(part of hamstrings)

반막모양근
Semimembranosus
(part of hamstrings)

엉덩정강근막띠힘줄
Iliotibial tract
tendon

긴머리
Long head

짧은머리
Short head

넙다리두갈래근
(넙다리뒤근육의부분)
Biceps femoris
(part of hamstrings)

오금공간
Popliteal space

안쪽머리
Medial head

가쪽머리
Lateral head

장딴지근
Gastrocnemius

* 오른쪽 넓적다리와 골반의 근육, 뒷면

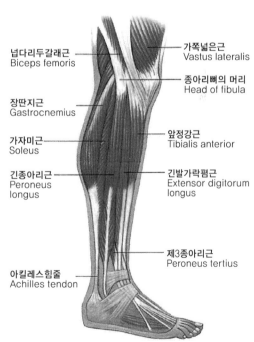

넙다리두갈래근
Biceps femoris

장딴지근
Gastrocnemius

가자미근
Soleus

긴종아리근
Peroneus
longus

아킬레스힘줄
Achilles tendon

가쪽넓은근
Vastus lateralis

종아리뼈의 머리
Head of fibula

앞정강근
Tibialis anterior

긴발가락폄근
Extensor digitorum
longus

제3종아리근
Peroneus tertius

* 오른쪽 종아리의 근육, 가쪽면

* 넓적다리를 움직이는 근육

근육	이는곳	닿는곳	작용
엉덩허리근	엉덩뼈능선과 허리뼈	넓적다리의 작은돌기	넓적다리를 굽힘 및 안쪽회전
넙다리근막긴장근	엉덩뼈능선	넓적다리근육막에 의한 정강뼈	넓적다리 벌림, 굽힘, 안쪽회전
큰볼기근	엉덩뼈, 엉치뼈, 꼬리뼈	넓적다리의 뒷면, 넓적다리근육막	넓적다리 펼침
중간볼기근	엉덩뼈	넓적다리의 큰돌기	넓적다리 벌림과 안쪽회전
긴모음근	두덩뼈와 두덩뼈결합	넓적다리의 뒷면	넓적다리 모음, 가쪽회전
큰모음근	궁둥돌기	넓적다리의 뒷면	넓적다리 모음 ; 넓적다리의 앞부분 굽힘, 넓적다리 뒷부분펼침
두덩정강근	두덩뼈	정강뼈의 속면	넓적다리 모음 ; 다리의 굽힘과 안쪽회전

* 발과 발가락을 움직이는 근육

근육	이는곳	닿는곳	작용
앞정강근	정강뼈의 가까운 곳 2/3	발목뼈(쐐기골)와 제1 발허리뼈	배굴 및 발내번
긴발가락폄근	정강뼈의 가까운끝과 앞면	제2~5지의 가운데 · 끝발가락뼈	배굴 및 발외번
장딴지근	넓적다리 먼끝에서 두개의 머리가 시작	아킬레스힘줄로 발꿈치뼈	발바닥굽힘 ; 무릎에서 종아리, 넓적다리 먼끝 굽힘
가자미근	정강뼈와 종아리뼈의 가까운끝	아킬레스힘줄로 발꿈치뼈	발바닥 굽힘
긴종아리근	정강뼈와 종아리뼈의 가까운끝	발목뼈와 발허리뼈	발뒤침 ; 발바닥 굽힘
제3종아리근	정강뼈의 아랫면	제5발허리뼈	등쪽 굽힘 ; 발뒤침

(1) 수장경찰법

손바닥 부위로 하지전체의 피부와 근육에 열이 나도록 여러 번 가볍게 쓰다듬는 마사지 방법이다. 손을 비벼 따뜻하게 한 후 부드럽게 실시하며 피시술자의 긴장과 불안을 완화시켜 이후의 마사지를 용이하도록 인체가 마사지에 준비하게 하자.

① 시술부위 : 하지 후면부 전체 근육
② 수기수 : 수장
③ 시술수법 : 경찰법

④ 시술방법 : 다리를 좌우로 나누어 좌측은 우측 손으로 발목을 잡아 다리를 고정시킨 후 좌측 손으로 우측은 좌측 손으로 고정시킨 후 우측 손으로 가볍게 경찰한다. 피시술자의 다리가 길 경우 상부로 올라갈 때 허리를 충분히 숙이도록 한다.

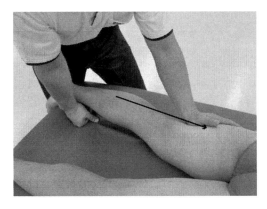 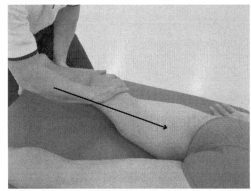

(2) 양수장경찰법

양손의 손바닥 부위로 하지부의 피부와 근육에 열이 나도록 여러 번 가볍게 쓰다듬는 마사지하는 방법이다. 양손을 적당히 겹쳐서 하지의 근육 전체를 충분히 덮도록 하자.

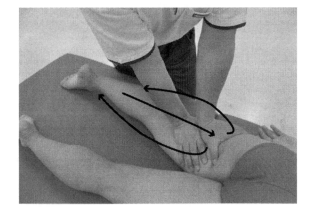

① 시술부위 : 하지 후면부 전체 근육
② 수기수 : 양수장
③ 시술수법 : 경찰법
④ 시술방법 : 양손의 모지를 교차하여 발목을 덮은 후 하지의 근육을 따라 경찰하며 둔부 쪽으로 올라가다가 둔부에 다다르면 손을 좌우로 벌려 하지 측면의 근육을 경찰하며 내려와 처음의 자세로 돌아간다.

(3) 수장회전경찰법

손바닥 부위로 하지전체의 피부와 근육에 가볍게 회전하며 쓰다듬는 마사지 방법이다. 손을 비벼 따뜻하게 한 후 부드럽게 실시하자.

① 시술부위 : 하지 후면부 전체 근육
② 수기수 : 수장
③ 시술수법 : 회전 경찰법
④ 시술방법 : 다리를 좌우로 나누어 좌측은 우측 손으로 발목을 잡아 다리를 고정시킨 후 좌측 손으로 우측은 좌측 손으로 고정시킨 후 우측 손으로 가볍게 회전하며 경찰 한다.

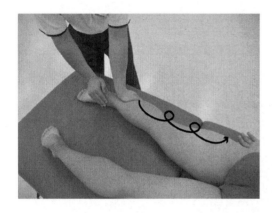 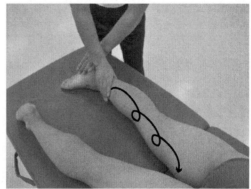

(4) 수장회전강찰법

손바닥 부위로 하지전체의 피부와 근육에 강하게 회전하며 문지르는 마사지 방법이다. 체중을 적절하게 이용하자.

① 시술부위 : 하지 후면부 전체 근육
② 수기수 : 수장
③ 시술수법 : 회전 경찰법
④ 시술방법 : 다리를 좌우로 나누어 좌측은 우측 손으로 발목을 잡아 다리를 고정시킨 후 좌측 손으로 우측은 좌측 손으로 고정시킨 후 우측 손으로 가볍게 회전하며 경찰 한다.

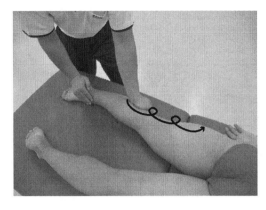 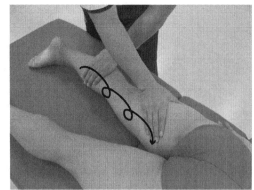

(5) 양수배회전강찰법

양 수배로 하지 후면부의 근육에
강하게 회전하며 문지르는 마사지
방법이다.

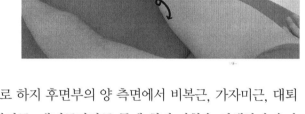

① 시술부위 : 비복근, 가자미근,
대퇴이두근, 반건양근, 반막
양근, 내전근, 대퇴근막장근
② 수기수 : 양수배
③ 시술수법 : 회전 강찰법
④ 시술방법 : 허리를 숙여 양수배로 하지 후면부의 양 측면에서 비복근, 가자미근, 대퇴
이두근, 반건양근, 반막양근, 내전근, 대퇴근막장근 등에 회전 강찰을 시행하며 올라
간다.

(6) 양수장평행유념법

하지 후면부의 근육을 나란히 한 양손으로 가볍게 집어 올려 주무르는 마사지 방법이다.
근육이 넓은 부위가 많으므로 손을 적절히 적용하여 꼼꼼히 이완시키자.

① 시술부위 : 비복근, 가자미근, 대퇴이두근, 반건양근, 반막양근, 내전근, 대퇴근막장
근 등
② 수기수 : 양수장

③ 시술수법 : 평행 유념법

④ 시술방법 : 양손으로 비복근, 가자미근, 대퇴이두근, 반건 양근, 반막양근, 내전근, 대퇴 근막장근 등의 근육에 평행 유념법을 실시하며 아래에서 위로 올라간다. 예민한 부위 이므로 손끝의 사용을 주의하 며 강하면서 유연한 압력을 가하여 긴장된 곳은 모두 이완시키자.

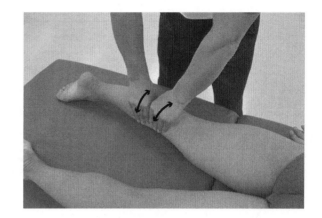

(7) 양수장교차유념법

하지 후면부의 근육들을 교차한 양손바닥을 이용해서 누른 후 쓰다 듬는 마사지 방법이다. 누른 후 체 중을 충분히 이용하여 차근차근 쓰 다듬으며 올라가자.

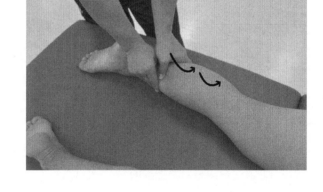

① 시술부위 : 비복근, 가자미근, 대퇴이두근, 반건양근, 반막 양근, 내전근, 대퇴근막장근 등

② 수기수 : 양수장

③ 시술수법 : 유념법

④ 시술방법 : 양손의 수장을 교차하여 하지 후면부의 근육을 체중을 충분히 실어 압박 법을 사용한다. 근육의 면적에 따라 수장부 전체를 최대한 사용하자.

(8) 수근안유법

한손으로 피시술자의 다리를 잡아 고정시키고 다른 손의 손바닥 부위로 하지전체의 근 육에 체중으로 압박하며 쓰다듬는 마사지 방법이다. 체중을 충분히 이용하기 위해 시술위치의 이동이나 고정하는 손에 유의하자.

① 시술부위 : 하지 후면부 전체 근육
② 수기수 : 수근
③ 시술수법 : 안유법
④ 시술방법 : 다리를 좌우로 나누어 좌측은 우측 손으로 발목을 잡아 다리를 고정시킨
후 좌측 손으로 우측은 좌측 손으로 고정시킨 후 우측 손으로 근육을 압박하며 안유
한다. 한손으로 피시술자의 다리를 확고하게 고정시키고 체중을 이용해 묵직하게 시
행하며 피시술자의 다리가 길 경우 상부로 올라갈 때 허리를 충분히 숙이거나 자리를
이동하도록 한다.

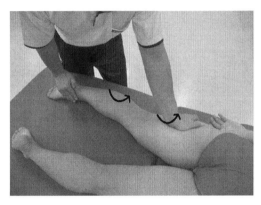 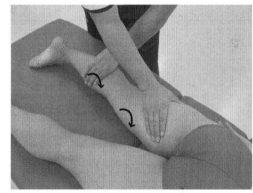

(9) 양수장평행압박법

하지 후면부의 근육을 나란히 한
양손을 사용하여 지긋이 압박하는
마사지 방법이다. 하지 후면부의
근육은 운동 시 많은 피로와 손상
이 발생하는 근육이다. 이 테크닉
으로 심부의 유착된 근막들을 이완
시키자.

① 시술부위 : 비복근, 가자미

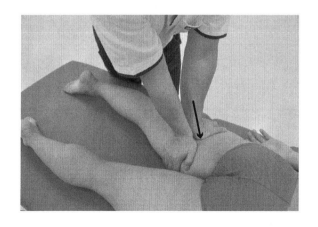

근, 대퇴이두근, 반건양근, 반막양근, 내전근, 대퇴근막장근 등

② 수기수 : 양수장

③ 시술수법 : 평행 압박법

④ 시술방법 : 양손의 수근 부위로 하지 후면부의 근육들을 좌우로 나누어 한손으로 한 쪽씩 압박법을 실시하며 아래에서 위로 올라간다. 아래에서 위로 올라갈 때 한쪽 손 씩 교대로 이동하도록 한다.

(10) 양수장교차압박법

하지 후면부의 근육들을 교차한 양손바닥을 이용해서 압박하는 마 사지 방법이다. 누른 후 체중을 충 분히 이용하여 차근차근 쓰다듬으 며 올라가자.

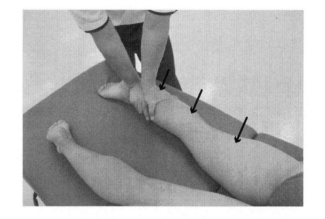

① 시술부위 : 비복근, 가자미근, 대퇴이두근, 반건양근, 반막양 근, 내전근, 대퇴근막장근 등

② 수기수 : 양수장

③ 시술수법 : 교차 압박법

④ 시술방법 : 양손의 수장을 교차하여 하지 후면부의 근육을 체중을 충분히 실어 압박 법을 사용한다. 근육의 면적에 따라 수장부 전체를 최대한 사용하자.

(11) 양모지압박법

양모지로 하지 후면부의 근육에 적당한 압력으로 압박하는 마사지하는 방법이다. 특히 종아리 근육은 긴장도가 높아 예민하게 반응하기 때문에 쥐가 잘난다. 충분한 시간과 적당 한 압을 가하며 시행하자.

① 시술부위 : 비복근, 가자미근, 대퇴이두근, 반건양근, 반막양근, 내전근, 대퇴근막장 근 등

② 수기수 : 양모지

③ 시술수법 : 압박법

④ 시술방법 : 양모지로 비복근
쪽은 5부분으로 나누어 아킬
레스건 바로 위에서 무릎 쪽
으로 강한 압을 가하며 차츰
올라가고 대퇴 후면부 쪽은 8
부분으로 나누어 압을 가하는
데 무릎 주름과 좌골조면 부
위도 포함해 압박한다.

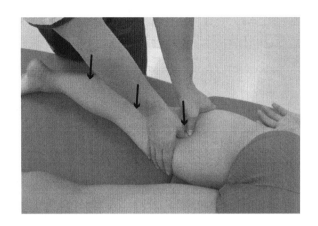

(12) 수장회전경찰법

한쪽 다리를 구부리게 하여 손바닥 부위로 하지 외측부위의 근육에 가볍게 회전하며 쓰다듬는 마사지 방법이다. 여기서부터 모지안유법까지는 피시술자의 다리를 구부려서 시행하는 테크닉이다. 한 가지 테크닉마다 피시술자의 다리를 바꾸어 시행하면 불편하므로 피시술자의 한쪽 다리를 구부려 수장회전경찰법에서부터 모지안유법까지 한쪽에만 연속으로 시행한 후 다른 쪽 다리를 다시 시행하도록 하자.

① 시술부위 : 하지 외측부위의 전체 근육

② 수기수 : 수장

③ 시술수법 : 회전 경찰법

④ 시술방법 : 먼저 적용하려는 피시술자의 한쪽 다리를 구부린 후 한손으로 골반을 눌러 고
정시키고 다른 손의 손바닥 부위로 하지 외측부위의 근육에 가볍게 회전하며 경찰한다.

(13) 수장교차압박법

한쪽 다리를 구부리게 하여 손바
닥 부위로 하지 외측부위의 근육에
수장을 교차하여 적당한 압력으로
압박하는 마사지 방법이다. 유연하
지 못하거나 고관절에 이상이 있는
사람은 고관절 주위에 압력을 가할
때 통증을 느낄 수 있다. 이때는 적
당히 압력을 조절하자.

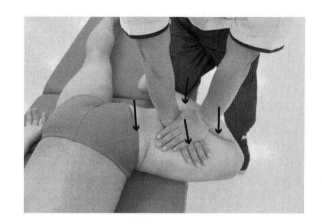

① 시술부위 : 하지 외측부위의
　　전체 근육
② 수기수 : 수장
③ 시술수법 : 교차 압박법
④ 시술방법 : 먼저 적용하려는 피시술자의 한쪽 다리를 구부린 후 교차한 손바닥 부위
　　로 하지 외측부위의 근육에 직각 방향으로 적당하게 압박한다.

(14) 양수장평행유념법

한쪽 다리를 구부리게 하여 나란
한 양손으로 하지 외측부위의 근육
을 주무르는 마사지 방법이다. 골
반에서부터 발목까지 꼼꼼히 주무
르자.

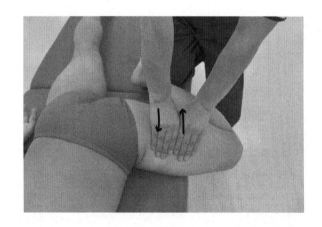

① 시술부위 : 하지 외측부위의
　　전체 근육
② 수기수 : 양수장
③ 시술수법 : 평행 유념법
④ 시술방법 : 먼저 적용하려는 피시술자의 한쪽 다리를 구부린 후 나란히 한 양손으로
　　하지 외측부위의 근육을 골반에서 발목까지 내려가며 유념한다. 중둔근과 외측광근

을 집중해서 이완시키도록 한다.

(15) 수근안유법

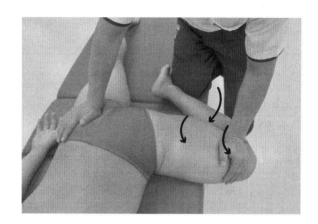

한쪽 다리를 구부리게 하여 손바닥 부위로 하지 외측부위의 근육에 횡방향으로 압을 가하며 쓰다듬는 마사지 방법이다. 대퇴부의 대퇴근막장근은 근막으로 구성되어 있으므로 너무 강하게 압을 가하지 않도록 주의하자.

① 시술부위 : 하지 외측부위의
　전체 근육
② 수기수 : 수근
③ 시술수법 : 안유법
④ 시술방법 : 먼저 적용하려는 피시술자의 한쪽 다리를 구부린 후 한손으로 골반을 눌러 고정시키고 다른 손의 수근 부위로 하지 외측부위의 근육에 가볍게 압을 가하며 횡방향으로 안유한다.

(16) 양수배안유법

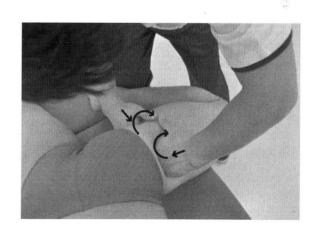

한쪽 다리를 구부리게 하여 양손의 수배 부위로 하지 외측부위의 근육을 집어 올리듯이 적당한 압력으로 압박하여 쓰다듬는 마사지 방법이다. 하지 전면부와 후면부의 근육을 동시에 마사지하므로 근육의 단면적이 매우 넓다. 양손에 충분한 힘을 가하도록 하자.

① 시술부위 : 하지 외측부위의 전체 근육

② 수기수 : 양수배

③ 시술수법 : 안유법

④ 시술방법 : 먼저 적용하려는 피시술자의 한쪽 다리를 구부린 후 양 손의 수배 부위로 하지 외측부위의 근육을 앞뒤로 적당하게 압박하며 안유한다. 꼼꼼히 시행하자.

(17) 모지안유법

한쪽 다리를 구부리게 하여 손바닥 부위로 하지 외측부위의 근육에 직각으로 압을 가하며 쓰다듬는 마사지 방법이다. 대퇴근막장근은 너무 강하게 압력을 가하지 않도록 주의하자.

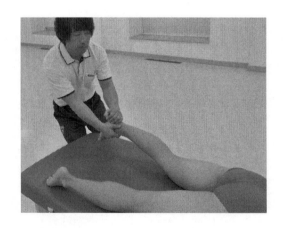

① 시술부위 : 하지 외측부위의 전체 근육

② 수기수 : 모지

③ 시술수법 : 안유법

④ 시술방법 : 먼저 적용하려는 피시술자의 한쪽 다리를 구부린 후 한손으로 골반을 눌러 고정시키고 다른 손의 수근 부위로 하지 외측부위의 근육에 직각으로 가볍게 압력을 가하며 안유한다.

(18) 진동법

양손으로 발을 잡아당기며 진동을 가하는 마사지 방법이다. 하체가 무거우므로 시술자의 중심을 잘 잡고 팔 전체로 진동을 가하자.

① 시술부위 : 하지 전체

② 수기수 : 양손

③ 시술수법 : 진동법

④ 시술방법 : 양손으로 발을 잡아당기며 위아래로 빠르고 리드미컬하게 진동법을 사용한다.

(19) 신전법

하지 후면부의 근육을 신전하기 위해 피시술자는 하늘을 보고 돌아누운 상태로 시술자의 한손으로 발목을 잡아 고정시키고 대퇴 후면부의 근육을 신전하는 방법이다. 각 근육의 가동범위에 유의하며 천천히 시행하자.

① 시술부위 : 대퇴 후면부의 근육과 둔부의 근육 들
② 수기수 : 양손
③ 시술수법 : 신전법
④ 시술방법
- 피시술자는 앙와위 상태에서 시술자의 한손으로는 발목을 잡고 다른 손으로는 무릎 위를 잡아 고정한 후 무릎이 펴져있는 상태에서 대퇴 이두근과 반건양근, 반막양근의 최대신전범위 내에서 들어 올리며 고관절을 굴곡시켜 좌우 각 방향으로 신전시킨다.
- 피시술자는 앙와위 상태에서 한손으로는 발목을 잡고 다른 손으로는 무릎 위를 잡고 무릎이 구부러져있는 상태에서 대둔근, 중둔근, 소둔근, 대퇴근막장근, 이상근, 내전근, 폐쇄근 들의 최대신전범위 내에서 좌우 각 방향으로 원을 그리며 신전시킨다.

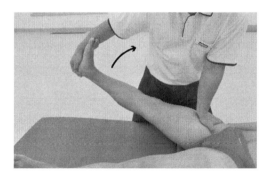 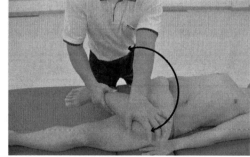

(20) 족관절신전법

양손으로 발을 잡아 고정시키고 발목 관절을 신전하는 방법이다. 발목의 가동범위에 유의하며 천천히 시행하자.

① 시술부위 : 족관절

② 수기수 : 양손

③ 시술수법 : 신전법

④ 시술방법 : 발목은 굴곡과 신전, 회외와 회내 4방향의 움직임이 가능한 관절이다. 각
각의 가동범위를 숙지하고 양손으로 발을 잡아 고정한 후 최대관절가동범위 내에서 4
방향으로 신전시킨다.

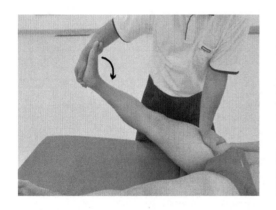 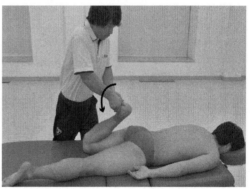

7) 하지 - 앙와위

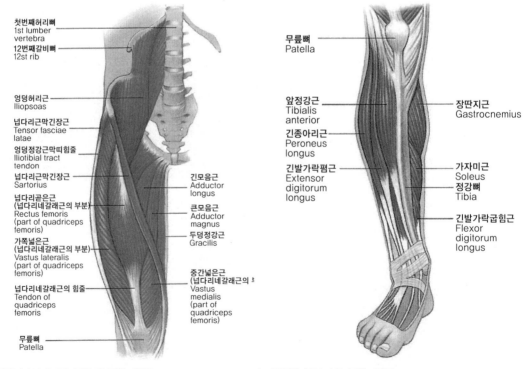

* 오른쪽 넓적다리와 골반의 근육, 앞면   * 오른쪽 종아리의 근육, 앞면

** 종아리를 움직이는 근육

근육	이는곳	닿는곳	작용
넙다리곧은근	엉덩뼈와 절구의 연	무릎뼈 공통힘줄에 의한 무릎관절에서 종아리펼침	정강뼈거친면과 엉덩관절에서 넓적다리 굽힘
가쪽넓은근	큰돌기 및 넓적다리뒷면	넙다리곧은근과 동일	종아리 펼침
안쪽넓은근	넓적다리의 안쪽면	넙다리곧은근과 동일	종아리 펼침
중간넓은근	넓적다리의 앞면과 옆면	넙다리곧은근과 동일	종아리 펼침
오금위근육군			
넙다리두갈래근	두개의 머리가 이는곳: 1. 궁둥뼈 2. 넓적다리의 거친선	종아리뼈의 가까운끝과 공통힘줄에 의한 정강뼈	종아리의 굽힘과 벌림 측회전 ; 넓적다리 펼침
반힘줄모양근	궁둥뼈	정강뼈의 내면	넓적다리 펼침과 종아리 굽힘
반막모양근	궁둥뼈	정강뼈의 가까운끝	넓적다리 펼침과 종아리 굽힘

** 발과 발가락을 움직이는 근육

근육	이는곳	닿는곳	작용
앞정강근	정강뼈의 가까운 곳 2/3	발목뼈(쐐기골)와 제1 발허리뼈	배굴 및 발내번
긴발가락폄근	정강뼈의 가까운끝과 앞면	제2~5지의 가운데 · 끝발가락뼈	배굴 및 발외번
장딴지근	넓적다리 먼끝에서 두개의 머리가 시작	아킬레스힘줄로 발꿈치뼈	발바닥굽힘 ; 무릎에서 종아리, 넓적다리 먼끝 굽힘
가자미근	정강뼈와 종아리뼈의 가까운끝	아킬레스힘줄로 발꿈치뼈	발바닥 굽힘
긴종아리근	정강뼈와 종아리뼈의 가까운끝	발목뼈와 발허리뼈	발뒤침 ; 발바닥 굽힘
제3종아리근	정강뼈의 아랫면	제5발허리뼈	등쪽 굽힘 ; 발뒤침

(1) 양수장교차경찰법

양수장을 하체의 근육이 다 감싸질 만큼 교차한 후 가볍게 쓰다듬으며 올라가는 마사지 방법이다.

① 시술부위 : 하지 전면부의 전체근육
② 수기수 : 양수장
③ 시술수법 : 경찰법
④ 시술방법 : 양수장을 허벅지의 근육이 다 감싸질 만큼 넓게 교차하여 피술자의 몸이

이동하는 힘을 이용해 발목에서부터 서혜부까지 가볍고 경쾌하게 안유법을 사용하여 올라간 다음 측면을 따라 내려와 처음의 동작으로 다시 시행한다.

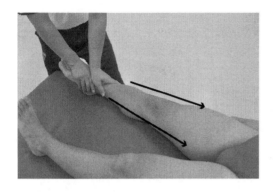 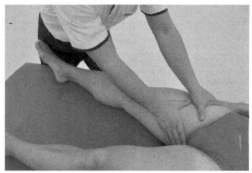

(2) 수장회전경찰법

손바닥 부위로 하지 전체의 피부와 근육에 가볍게 회전하며 쓰다듬는 마사지하는 방법이다. 인체 구조상 정강이 쪽은 근육의 부착부가 좁으므로 작게 회전하고 대퇴부쪽은 넓으므로 크게 회전하도록 한다.

① 시술부위 : 하지 전면부 전체 근육
② 수기수 : 수장
③ 시술수법 : 회전경찰법
④ 시술방법 : 다리를 좌우로 나누어 좌측은 우측 손으로 발목을 잡아 다리를 고정시킨 후 좌측 손으로, 우측은 좌측 손으로 고정시킨 후 우측 손으로 가볍게 경찰한다. 피시술자의 다리가 길 경우 상부로 올라갈 때 허리를 충분히 숙이도록 한다. 마사지해야 할 근육의 면적을 따져 좁은 곳은 작게 넓은 곳은 크게 회전하며 올라가자.

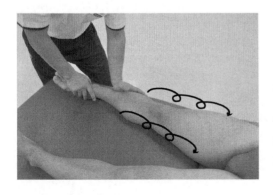 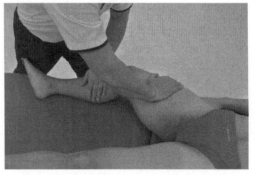

(3) 수장회전강찰법

손바닥 부위로 하지 전체의 피부와 근육에 강하게 회전하며 문지르는 마사지하는 방법이다.

① 시술부위 : 하지 전면부 전체 근육
② 수기수 : 수장
③ 시술수법 : 경찰법
④ 시술방법 : 다리를 좌우로 나누어 좌측은 우측 손으로 발목을 잡아 다리를 고정시킨 후 좌측 손으로, 우측은 좌측 손으로 고정시킨 후 우측 손으로 꼼꼼하고 강하게 회전하며 강찰한다. 피시술자의 다리가 길 경우 상부로 올라갈 때 허리를 충분히 숙이도록 한다. 마사지해야 할 근육의 면적을 따져 좁은 곳은 작게 넓은 곳은 크게 회전하며 올라가자.

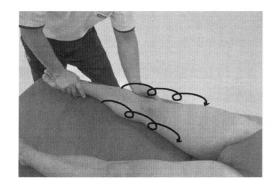 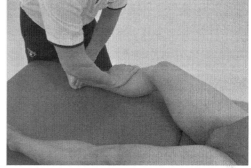

(4) 수배회전강찰법

종아리와 허벅지의 근육들을 양 수배 부위를 이용해서 압박하며 마찰하는 마사지 방법이다. 피시술자의 무릎을 구부려 근육들을 충분히 이완시킨 후 시행한다.

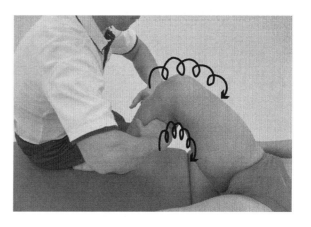

① 시술부위 : 비복근, 가자미근,
   내전근, 박근, 외측광근, 내측

광근, 중간광근

② 수기수 : 양수배

③ 시술수법 : 강찰법

④ 시술방법 : 양손의 수배를 이용 근육을 가볍게 압박한 후 아래에서 위로 올라가며 회전 강찰법을 사용한다. 수배 전체를 사용하여 적당한 압력으로 여러 번 마찰하도록 한다. 근육 속의 혈액을 밀어 올리는 기분으로 한다.

(5) 양수장평행유념법

허벅지의 근육을 나란한 양손으로 가볍게 집어 올려 주무르는 마사지 방법이다. 근육이 잘 잡히지 않으므로 무릎 밑에 쿠션을 넣어 약간 구부리게 한 후 시행하면 쉽다.

① 시술부위 : 내전근, 박근, 내측광근, 중간광근, 외측광근, 대퇴직근

② 수기수 : 양수

③ 시술수법 : 유념법

④ 시술방법 : 양손으로 내전근, 박근, 내측광근, 중간광근, 외측광근, 대퇴직근의 근육에 유념법을 실시하며 아래에서 위로 올라간다. 단단하며 넓은 부위이므로 손끝에 힘을 빼고 최대한 넓게 잡으면서 유연한 압력을 가하여 긴장된 곳은 모두 이완시키자.

 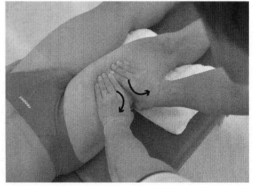

(6) 양수교차유념법

양수장을 하지 전면부의 근육이 다 감싸질 만큼 교차한 후 가볍게 쓰다듬으며 올라가는 마사지방법이다.

① 시술부위 : 하지 전면부의 전
　체근육

② 수기수 : 양수장

③ 시술수법 : 경찰법

④ 시술방법 : 양수장을 허벅지
　의 근육이 다 감싸질 만큼 넓
　게 교차하여 시술자의 체중을
　이용해 시행한다.

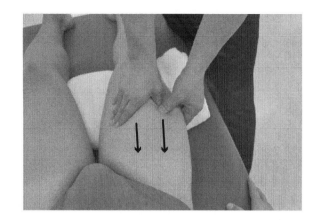

(7) 양수장압박법(하퇴 - 양수장 교차압박, 대퇴 - 양수장 평행압박)

양손을 나란히 근육에 지긋이 눌
러 압박하는 마사지 방법이다. 넓은
부위에 직각으로 강하게 압박하자.

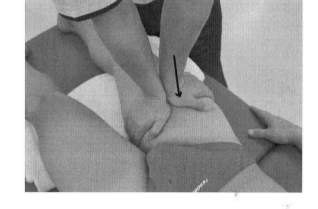

① 시술부위 : 전경골근, 내측광
　근, 중간광근, 외측광근, 대퇴
　직근

② 수기수 : 양수장

③ 시술수법 : 압박법

④ 시술방법 : 양수장으로 인체 전면부에 노출된 근육들에 지긋이 체중을 실으며 압박법
　을 실시한다. 충분한 시간을 주며 압박하며 긴장된 곳이 이완될 때까지 유지하자.

(8) 수장안유법

수장으로 하지의 측면에서 가볍
게 누른 후 쓰다듬는 마사지 방법
이다.

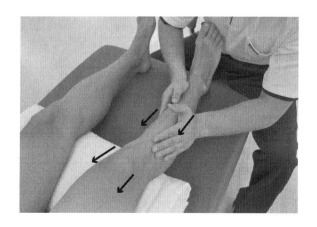

① 시술부위 : 전경골근, 비골근,
　장지신근 내측광근, 중간광
　근, 외측광근, 대퇴직근, 내전

근 등

② 수기수 : 수장

③ 시술수법 : 안유법

④ 시술방법 : 한손으로는 마사지할 부위의 반대편에서 잡아 고정시키고 다른 손의 수장
으로 하체의 측면에서 각 근육에 발목에서 골반쪽으로 올라가며 안유법을 시행한다.

(9) 수배안유법

위 8번의 테크닉과 동일하게 수
배로 하지의 측면에서 가볍게 누른
후 쓰다듬는 마사지 방법이다.

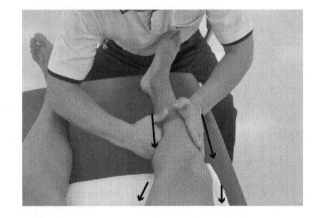

① 시술부위 : 전경골근, 비골근,
장지신근 내측광근, 중간광
근, 외측광근, 대퇴직근, 내전
근 등

② 수기수 : 수배

③ 시술수법 : 안유법

④ 시술방법 : 한손으로는 마사지할 부위의 반대편에서 잡아 고정시키고 다른 손의 수배
로 하체의 측면에서 각 근육에 안유법을 시행한다.

(10) 모지복안유법

위 8번의 테크닉과 비슷한 요령
으로 모지복으로 하지의 측면에서
가볍게 누른 후 쓰다듬는 마사지
방법이다.

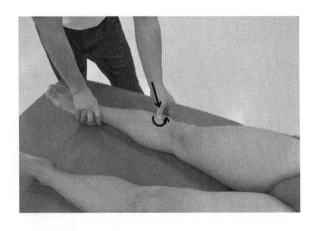

① 시술부위 : 전경골근, 비골근,
장지신근 내측광근, 중간광
근, 외측광근, 대퇴직근, 내전
근 등

② 수기수 : 모지복

③ 시술수법 : 안유법

④ 시술방법 : 한손으로는 마사지할 부위의 반대편에서 잡아 고정시키고 다른 손의 모지복으로 하체의 측면에서 각 근육에 안유법을 시행한다. 이전의 테크닉으로도 아직 이완되지 않은 곳을 찾아 집중적으로 시행한다.

(11) 양수교차강찰법

양수장을 하체의 근육이 다 감싸질 만큼 교차한 후 강하게 문지르며 올라가는 마사지 방법이다.

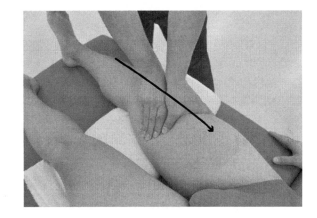

① 시술부위 : 하지 전면부의 전체근육

② 수기수 : 양수장

③ 시술수법 : 강찰법

④ 시술방법 : 양수장을 허벅지의 근육이 다 감싸질만큼 넓게 교차하여 발목에서부터 서혜부까지 강하고 빠르게 강찰법을 사용하여 올라간다.

(12) 신전법

한손으로 무릎 아래를 잡아 고정시키고 대퇴 전면부의 근육을 신전하는 방법이다. 대퇴직근, 중간광근, 내측광근, 외측광근 등 각 근육의 가동범위에 유의하며 천천히 시행하자.

① 시술부위 : 대퇴직근, 중간광근, 내측광근, 외측광근

② 수기수 : 양손

③ 시술수법 : 신전법

④ 시술방법 : 대퇴부의 네 근육은 각 근육의 주행방향이 다르기 때문에 신전의 움직임에 따라 개별적인 신전이 가능하다. 각각의 가동범위를 숙지하고 한손으로 장골을 잡아 고정한 후 최대신전범위 내에서 각 방향으로 신전시킨다.

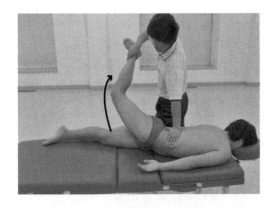
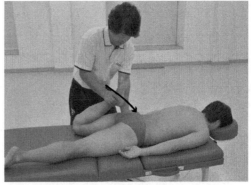

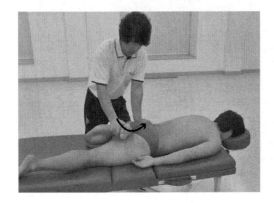
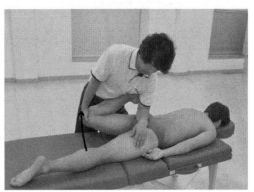

8) 복부

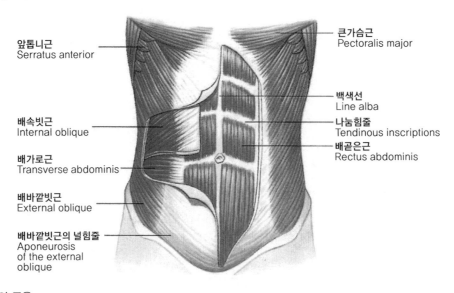

앞톱니근
Serratus anterior

배속빗근
Internal oblique

배가로근
Transverse abdominis

배바깥빗근
External oblique

배바깥빗근의 널힘줄
Aponeurosis
of the external
oblique

큰가슴근
Pectoralis major

백색선
Line alba

나눔힘줄
Tendinous inscriptions

배곧은근
Rectus abdominis

* 배벽의 근육

** 배벽의 근육

근육	이는곳	닿는곳	작용
배곧은근	두덩뼈와 두덩뼈결합	복장뼈 칼돌기와 제5~7갈비뼈의 갈비연골	척주를 굽힘, 복부압박
배바깥빗근	아래 8개의 갈비뼈	엉덩뼈능선과 백색선	양옆의 수축시 배곧은근을 도움 ; 한쪽이 수축시 몸통회전, 척주의 가쪽 굽힘시 뒷근육을 보조
배속빗근	아래뒤의 커다란 힘줄막, 엉덩뼈능선, 아래 갈비뼈의 갈비연골	백색선과 두덩뼈	배바깥빗근과 동일
배가로근	아래뒤의 힘줄막, 장골능선, 아래 갈비뼈의 갈비연골	백색선과 두덩뼈	배바깥빗근과 동일

(1) 양수장회전경찰법/강찰법

나란한 양 손의 손바닥 부위로 복부의 피부와 근육에 열이 나도록 여러 번 가볍게 회전하며 쓰다듬는 마사지하는 방법이다. 양손을 붙여서 복부를 최대한 덮도록 하자.

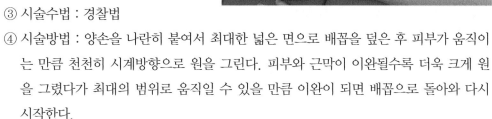

① 시술부위 : 복부의 피부와 근막

② 수기수 : 양수장

③ 시술수법 : 경찰법

④ 시술방법 : 양손을 나란히 붙여서 최대한 넓은 면으로 배꼽을 덮은 후 피부가 움직이는 만큼 천천히 시계방향으로 원을 그린다. 피부와 근막이 이완될수록 더욱 크게 원을 그렸다가 최대의 범위로 움직일 수 있을 만큼 이완이 되면 배꼽으로 돌아와 다시 시작한다.

(2) 양수장교차유념법

복부 근육을 나란히 한 양손으로 가볍게 집어 올려 주무르는 마사지 방법이다.

① 시술부위 : 복직근, 내외 복사근

② 수기수 : 양손

③ 시술수법 : 유념법
④ 시술방법 : 나란히 한 양손으로 복직근, 내 외 복사근의 근육에 유념법을 실시한다.
　　손 끝에 힘을 빼고 손가락 마디부위를 이용해서 최대한 넓은 부위를 집어 올린다.

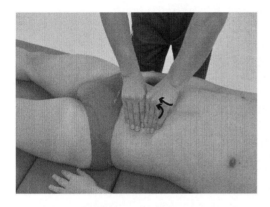 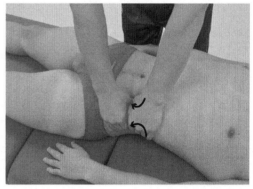

(3) 양소지구 경찰법 → 양수장 견인 경찰법(응용: 강찰법)

양 손의 소지구로 복부의 가운데에서 허리 뒤까지 가볍게 쓰다듬는 마사지 방법이다. 허리의 벨트라인을 따라 경찰법이나 강찰법을 사용한다.

① 시술부위 : 복직근, 내외 복사근
② 수기수 : 양손
③ 시술수법 : 경찰법과 견인경찰법 또는 강찰법
④ 시술방법 : 양 손의 소지구로 복부의 가운데에서 바깥으로 복부 전체를 쓸어내리듯이
　　내려가다 측면에서는 수장으로 허리 뒤까지 내려간 후 다시 올라와 배꼽주변에서는
　　양수장으로 집어 올리듯이 마무리한다.

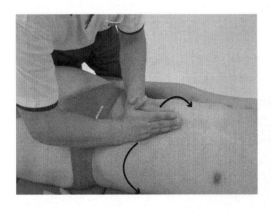 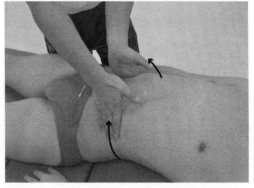

(4) 양소지구유념법(복직근 → 복사근)

양 손의 소지구로 복직근이나 복사
근을 따라 가볍게 밀고나가는 마사지
방법이다.

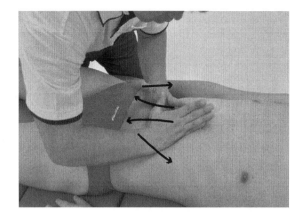

① 시술부위 : 복직근, 내외 복사근
② 수기수 : 양소지구
③ 시술수법 : 유념법
④ 시술방법 : 양 손의 소지구로 복
   부의 가운데에서 아래쪽으로 쓸

어내리듯이 내려가다 서혜부에서는 허리 측면까지 올라오며 마무리한다. 양 손으로
근육을 집어 올리듯이 유념하는 방법이다.

(5) 양소지구압박법(횡격막)

양 손의 소지구로 갈비뼈 경계선
을 따라 가볍게 압박하는 마사지 방
법이다.

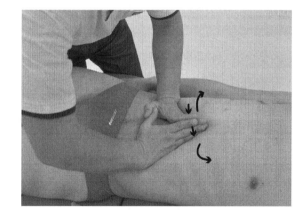

① 시술부위 : 횡격막
② 수기수 : 양소지구
③ 시술수법 : 압박법
④ 시술방법 : 양 손의 소지구로
   늑골의 바로 아래를 체중으로

살짝 압박한 후 호흡의 움직임에 따라 위쪽과 바깥쪽으로 지긋이 밀어 호흡에 따른
움직임이 더욱 커질 때까지 유지한다.

(6) 양모지교차압박법

교차한 양 모지로 임맥의 경혈을 압박하는 마사지 방법이다.

① 시술부위 : 임맥의 복부 부위 경혈

② 수기수 : 모지복

③ 시술수법 : 압박법

④ 시술방법 : 교차한 양손의 모지 복으로 인체 중심선 중 복부 부위, 즉 임맥의 복부 경혈을 압박하는데 검상돌기 바로 밑에서부터 엄지손가락 넓이 하나 정도의 간격으로 누르며 내려온다. 양손의 사지를 교차하면 더 쉽게 압을 가할 수 있다.

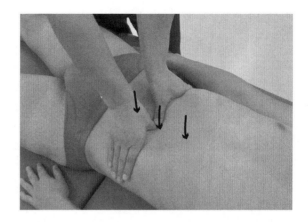

(7) 양모지압박법(1행선 → 2행선)

양 모지로 인체 중심선을 따라 좌우의 경혈을 압박하는 마사지방법이다.

① 시술부위 : 신장경락과 위장경락의 복부 부위 경혈

② 수기수 : 양모지복

③ 시술수법 : 압박법

④ 시술방법

- 양손의 모지복으로 인체 중심선에서 좌우 0.5촌(새끼손가락 넓이) 만큼 좌우, 즉 신장경락의 복부 경혈을 압박하는데 늑골 바로 밑에서부터 엄지손가락 넓이 하나 정도의 간격으로 누르며 내려온다.

- 양손의 모지복으로 인체 중심선에서 좌우 2촌(엄지손가락 2개 넓이) 만큼 좌우, 즉 위장경락의 복부 경혈을 압박하는데 늑골 바로 밑에서부터 엄지손가락 넓이 하나 정도의 간격으로 누르며 내려온다.

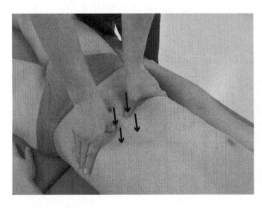 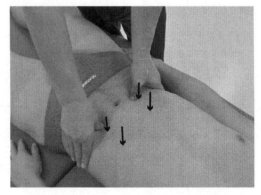

(8) 양수장교차유동법

복부의 내장에 겹쳐진 양수장을 이용해서 교대로 눌러 흔드는 마사지 방법이다. 적당히 압을 가해서 경쾌하고 리드미컬하게 흔들자.

① 시술부위 : 복부의 내장
② 수기수 : 양수장
③ 시술수법 : 유동법
④ 시술방법 : 겹쳐진 수장을 배꼽 부위에 올려 양수장의 사지복과 수근을 교대로 압박하는 유동법을 시행한다.

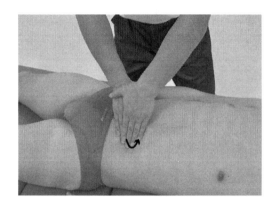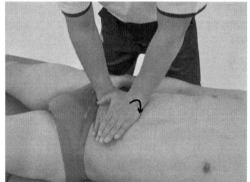

(9) 양수장교차회전강찰법

교차한 양 손의 손바닥 부위로 복부의 내장에 가볍게 회전하며 문지르는 마사지하는 방법이다.

① 시술부위 : 복부의 내장
② 수기수 : 양수장
③ 시술수법 : 강찰법
④ 시술방법 : 교차한 양손으로 배꼽을 덮은 후 내장이 움직이는

만큼 천천히 시계방향으로 원을 그린다. 내부가 이완될수록 더욱 크게 원을 그렸다가 최대의 범위로 움직일 수 있을 만큼 이완이 되면 배꼽으로 돌아와 다시 시작한다. 소

장과 대장의 연동운동을 도와주는 것이 목적이므로 최대한 천천히 시행한다.

(10) 사지복교차안유법(장요근)

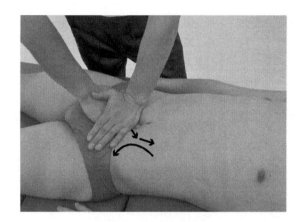

양손을 교차하여 아래쪽 손의 사지복으로 복부 심층부의 장요근을 가볍게 압박하며 쓰다듬는 마사지하는 방법이다. 장요근은 심부에 위치한 근육이므로 민감하다. 위에서 실시한 테크닉으로 내장을 충분히 이완시킨 후 부드럽게 실시하여 표층에서부터 심층으로 점층적으로 접근하자.

① 시술부위 : 장요근
② 수기수 : 사지복
③ 시술수법 : 안유법
④ 시술방법 : 한손의 사지복 위에 다른 손을 덮고 가볍게 체중을 실어서 장요근에 안유법을 실시한다. 복직근의 좌우 경계선에서 직각으로 누르고 들어간 후 요추를 향해 사선으로 들어가면 장요근을 쉽게 만날 수 있다. 요추에서부터 고관절 대전자를 향해 반원을 그리며 안유한다.

(11) 진동법

수장으로 복부에 진동을 가하는 마사지 방법이다. 손가락을 넓게 펼치고 팔 전체로 진동을 가하자.

① 시술부위 : 복부
② 수기수 : 모지복과 사지복
③ 시술수법 : 진동법
④ 시술방법 : 배꼽을 중심으로 넓게 펼친 모지복과 사지복을 놓고 빠르고 리드미컬하게 진동법을 사용한다.

9) 상지 – 앙와위

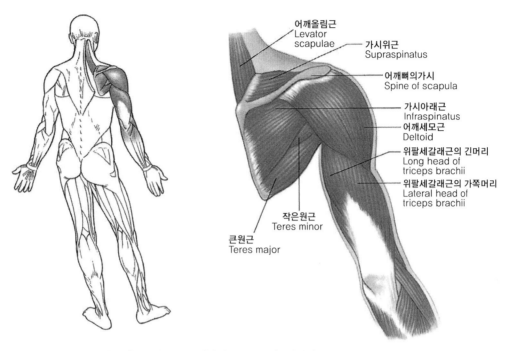

어깨올림근
Levator
scapulae

가시위근
Supraspinatus

어깨뼈의가시
Spine of scapula

가시아래근
Infraspinatus

어깨세모근
Deltoid

위팔세갈래근의 긴머리
Long head of
triceps brachii

위팔세갈래근의 가쪽머리
Lateral head of
triceps brachii

작은원근
Teres minor

큰원근
Teres major

* 오른쪽 어깨와 팔의 근육, 뒷면. 이 그림에서 등세모근은 제거됨.

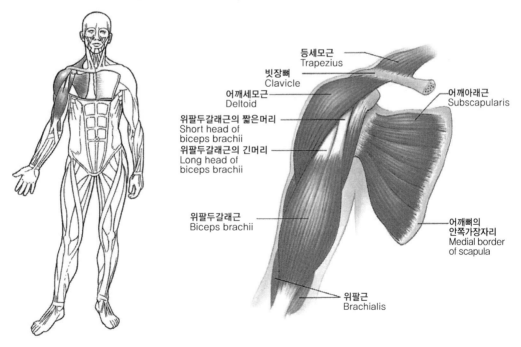

등세모근
Trapezius

빗장뼈
Clavicle

어깨세모근
Deltoid

어깨아래근
Subscapularis

위팔두갈래근의 짧은머리
Short head of
biceps brachii

위팔두갈래근의 긴머리
Long head of
biceps brachii

위팔두갈래근
Biceps brachii

어깨뼈의
안쪽가장자리
Medial border
of scapula

위팔근
Brachialis

* 오른쪽 어깨와 팔의 근육, 앞면. 이 그림에서 큰가슴근은 나타냈으며 갈비뼈근은 제거됨.

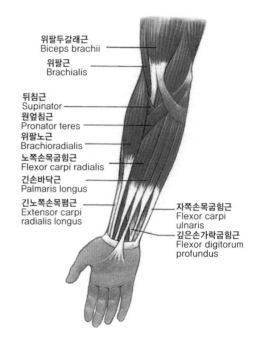

위팔두갈래근
Biceps brachii

위팔근
Brachialis

뒤침근
Supinator

원엎침근
Pronator teres

위팔노근
Brachioradialis

노쪽손목굽힘근
Flexor carpi radialis

긴손바닥근
Palmaris longus

긴노쪽손목폄근
Extensor carpi
radialis longus

자쪽손목굽힘근
Flexor carpi
ulnaris

깊은손가락굽힘근
Flexor digitorum
profundus

✻ 오른쪽 아래팔의 근육, 앞면

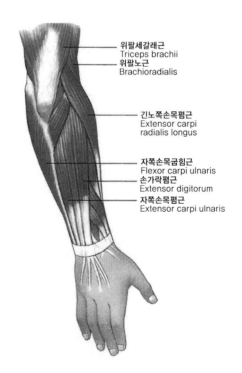

위팔세갈래근
Triceps brachii

위팔노근
Brachioradialis

긴노쪽손목폄근
Extensor carpi
radialis longus

자쪽손목굽힘근
Flexor carpi ulnaris

손가락폄근
Extensor digitorum

자쪽손목폄근
Extensor carpi ulnaris

✻ 오른쪽 아래팔의 근육, 뒷면

* 아래팔을 움직이는 근육

근육	이는곳	닿는곳	작용
위팔두갈래근	어깨뼈에서 두개의 머리가 시작	노뼈의 노뼈조면 팔꿈치에서	아래팔굽힘 ; 손의 뒤침
위팔근	위팔뼈몸통	자뼈의 봉우리돌기	아래팔의 굽힘
위팔노근	위팔뼈의 먼쪽부분의 끝	노뼈의 붓돌기 아래	아래팔의 굽힘
위팔세갈래근	어깨뼈와 위팔뼈에서 세머리시작	자뼈의 팔꿈치돌기	아래팔의 펼침
뒤침근	어깨뼈의 먼끝과 자뼈의 가까운끝	노뼈의 가까운부분끝	아래팔의 뒤침
원엎침근	위팔뼈의 먼끝과 자뼈의 봉우리돌기	노뼈몸통	아래팔의 엎침

* 손과 손가락을 움직이는 근육

근육	이는곳	닿는곳	작용
노쪽손목굽힘근	위팔뼈의 먼끝	제2, 3 가운데손가락뼈	손목의 굽힘과 벌림
자쪽손목굽힘근	위팔벼의 먼끝과 자뼈의 봉우리돌기	손가락뼈와 가운데손가락뼈	손목의 굽힘과 모음
긴손바닥근	위팔뼈의 먼끝	손바닥힘줄막	손목의 굽힘
깊은손가락굽힘근	자뼈의 앞면	제2~5지 끝손가락뼈	각 손가락 끝손가락뼈 굽힘
긴노쪽손가락폄근	위팔뼈의 먼끝	제2가운데손가락뼈	손목의 펼침과 벌림
자쪽손가락폄근	위팔뼈의 먼끝	제5가운데손가락뼈	손목의 펼침과 모음
손가락폄근	위팔뼈의 먼끝	제2~5지 가운데 손가락뼈와 끝손가락뼈	각 끝손가락뼈의 펼침

(1) 경찰법

손바닥 부위로 상지전체의 피부와 근막에 열이 나도록 여러 번 가볍게 쓰다듬는 마사지 방법이다. 손을 비벼 따뜻하게 한 후 부드럽게 실시하자.

① 시술부위 : 상지 전체 근육

② 수기수 : 수장

③ 시술수법 : 경찰법

④ 시술방법 : 피시술자의 손을 악수하듯이 잡아 고정시킨 후 다른 손으로 상지의 전면 부를 따라 올라가고 어깨에서 다시 후면부를 따라 내려오며 가볍게 경찰한다.

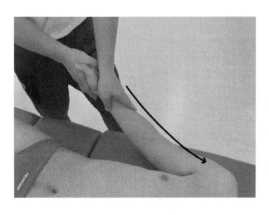 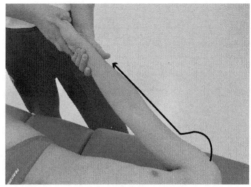

(2) 회전경찰법

손바닥 부위로 상지전면부의 근육
에 회전하며 쓰다듬는 마사지 방법이
다. 근육의 면적에 맞추어 회전하며
올라간다.

① 시술부위 : 수지신근군, 상완이
   두근
② 수기수 : 수장
④ 시술수법 : 회전 경찰법
④ 시술방법 : 피시술자의 손바닥이 아래로 향하게 하여 손등을 눌러 고정시킨 후 다른
   손으로 상지의 전면부를 따라 올라가며 가볍게 회전 경찰한다.

(3) 유념법 → 수장유념법

손으로 상지 전면부의 근육들에 가볍
게 주무르는 마사지 방법이다. 손을 비
벼 따뜻하게 한 후 부드럽게 실시하자.

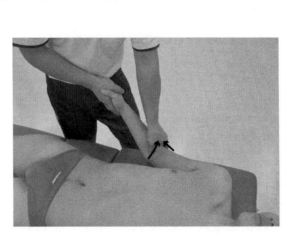

① 시술부위 : 상완이두근, 상완요
   골근, 회외근, 수지신근군 등
② 수기수 : 모지와 시지 또는 사지복

③ 시술수법 : 유념법

④ 시술방법 : 피시술자의 손을 악수하듯이 잡아 고정시킨 후 다른 손으로 상지의 전면 부를 따라 올라가며 상완이두근, 상완요골근, 회외근, 수지신근군 등을 가볍게 유념 한다.

(4) 수장압박법

손바닥 부위로 상지의 근육을 압박 하며 올라가는 마사지 방법이다.

① 시술부위 : 수지굴근군, 회내근, 상완이두근

② 수기수 : 수장

③ 시술수법 : 압박법

④ 시술방법 : 피시술자의 손바닥 이 위로 향하게 하여 고정시킨

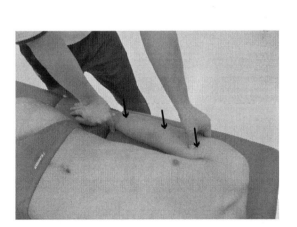

후 다른 손으로 상지의 전면부를 따라 올라가며 수지굴근군, 회내근, 상완이두근 등 의 근육에 지긋이 압박한다.

(5) 모지압박법

모지복으로 상지전면부의 근육에 압박하는 마사지 방법이다.

① 시술부위 : 수지신근군, 회외근, 외전근, 상완이두근 등

② 수기수 : 수장

③ 시술수법 : 압박법

④ 시술방법 : 피시술자의 손바닥 이 아래로 향하게 하여 손등을

눌러 고정시킨 후 다른 손으로 수지신근군, 회외근, 외전근, 상완이두근 등을 압박하 며 올라간다.

(6) 안유법 → 수근안유법

손바닥 부위로 상지의 근육을 압박
하며 올라가는 마사지 방법이다.

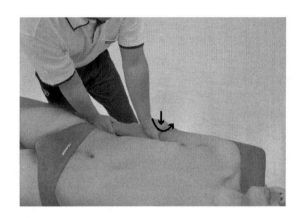

① 시술부위 : 수지굴근군, 회내근,
　상완이두근
② 수기수 : 수장
③ 시술수법 : 안유법
④ 시술방법 : 피시술자의 손바닥
　이 위로 향하게 하여 고정시킨
　후 다른 손으로 상지를 따라 올라가며 수지굴근군, 회내근, 상완이두근 등의 근육에
　지긋이 압박한후 안유법을 사용한다.

(7) 양수교차강찰법

양손으로 상지전체의 에에 강하게 문지르는 마사지 방법이다. 마사지해야 하는 근육의
상황에 맞추어 고정하는 손을 바꾸어가며 시행한다.

① 시술부위 : 상지 전체 근육
② 수기수 : 수장
③ 시술수법 : 강찰법
④ 시술방법 : 피시술자의 손을 잡아 고정시킨 후 다른 손으로 상지 전체의 근육을 따라
　골고루 강찰하며 올라간다.

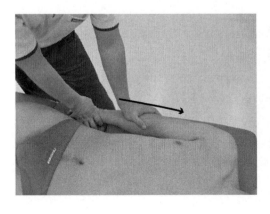
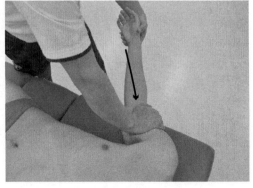

(8) 신전법

양손으로 손목을 잡아 팔을 어깨위로 잡아당겨 팔꿈치와 어깨의 관절을 신전하는 방법이다. 사선 방향으로 관절의 여유범위에 유의하며 천천히 시행하자.

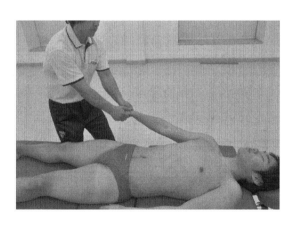

① 시술부위 : 주관절, 견관절
② 수기수 : 양손
③ 시술수법 : 신전법
④ 시술방법 : 양손으로 손목을 잡아 팔을 어깨 위쪽 30도 각도로 잡아당겨 주관절과 견관절을 신전한다.

(9) 진동법

양손으로 팔을 잡아당기며 진동을 가하는 마사지 방법이다. 시술자는 무릎을 살짝 구부려 중심을 잘 잡고 팔 전체로 진동을 가하자.

① 시술부위 : 상지 전체
② 수기수 : 양손
③ 시술수법 : 진동법
④ 시술방법 : 양손으로 상지를 15
도 정도 벌려 아래쪽으로 살짝 잡아당긴 후 빠르고 리드미컬하게 팔을 진동하는 진동법을 사용한다.

Chapter 4

테이핑(Taping)

1. 테이핑(Taping) 이란?

1) 테이핑의 정의

기본적으로 테이핑이란 각종 스포츠 현장에서 선수부상방지 및 경기나 운동 중 돌발적으로 발생하는 운동 손상을 최소화하고 응급처치 이후의 보조수단으로 사용하는 한편 인체의 각 관절 보호와 근육 부상 예방에 사용되는 특수한 요법이라 할 수 있다.

따라서 효과적 테이핑을 행하기 위해서는 운동 시의 신체의 구조나 기능과의 관계를 충분히 고려하지 않으면 안 된다. 또한, 수많은 테이프를 사용한다고 하여 좋은 것은 아니고 신체의 기능을 생각하여 효율적으로 테이프를 감는 것이 중요하다.

체육이 목표로 하는 신체활동에 전개되는 모든 과정에서 발생할 수 있는 손상부위의 보호 및 예방을 목적으로 고안된 여러 종류의 접착성 테이프, 또는 신축성 테이프 등을 이용하여 감는 과정을 '테이핑'이라고 한다.

이러한 테이핑법은 손상 예방 및 처치를 위한 가장 적절한 도구라 할 수 있는데, 손상의 종류 및 처치 목적에 따라 사용법을 달리 하여 폭넓게 활용할 수 있다.

예전에는 주로 손상 예방을 목적으로 행해지던 것이 대부분 이었지만, 현재에 이르러서는 환부를 보호하는 기법과 응급처치적인 방법으로 널리 사용하고 있다.

손상을 예방, 또는 그 손상 정도를 최소화시키기 위한 방법의 하나인 테이핑법은 구기종목과 투기종목 등은 물론이고, 모든 스포츠 활동에 있어서 필수적인 응급처치 도구로써 그 기능을 충분히 수행하고 있다고 볼 수 있다.

2) 테이핑의 목적

테이핑의 목적은 쉽게 손상을 입을 수 있는 각 근육과 관절들을 지지하며, 운동범위에 필요한 기능을 제한하지 않고 연부조직을 보호하는 것이다.

정확한 테이핑 사용을 위해서는 지지와 압박을 제공하는데 있어서 신체구조와 손상정도에 대한 해부학적 지식을 확보하고 있어야 한다.

손상예방 목적으로 사용 시에는 과도하거나, 또는 반복적으로 저항이 가해지는 곳을 지지하여 손상의 횟수와 손상의 정도를 감소시키기 위하여 사용하고, 또 손상 받은 적이 있는 관절을 지지하여 재 손상의 위험성을 줄이는데 그 목적이 있다.

치료 목적으로 사용 시에는 손상초기에는 드레싱을 고정하기 위하거나 이차적인 합병증을 방지하기 위하여, 상처압박을 위하여 사용된다.

손상 후기에는 손상 조직이 저항을 가장 적게 받는 자세를 유지하도록 연부조직 지지수단을 제공하기 위하여 사용하고, 손상 받은 선수가 활동력을 조기에 회복하도록 하여 사지와 관절의 근력과 유연성을 회복하도록 도와준다.

그러나 테이핑은 가동적인 피부 위에 부착되므로 조직을 지지하고 안정화시키는 능력이 높지 않으므로 전체적인 연부조직 조절은 할 수 없고 손상치료에서 유일한 방법으로 사용되어서는 안 된다.

3) 스포츠 테이핑의 시행 시기

환부를 치료하기 위한 테이핑이 의사에게 보이기 전에 응급처치의 수단으로 행해지는 경우에는 팀에 속해있는 트레이너나 이에 준한 지도자(감독, 코치, 매니저)가 행하는 것이 바람직하며, 손상예방을 목적으로 행하는 테이핑은 선수 본인이 시행하는 경우도 있을 수 있다.

이때 테이프를 부착한 상태로 장시간 신체운동이 지속될 경우에는 그 효과가 반감되기 때문에 연습이나 경기에 있어서 30~60분 전에 테이핑을 행하여 약 60~150분 정도만 운동에 참여하는 것이 좋다.

또한 이러한 이유로 하루에 경기가 두 번 있거나, 오전과 오후에 각각 연습이 행하여진다면 테이프는 일단 제거했다가 다시 시행하는 것을 원칙으로 한다.

4) 스포츠 테이핑의 효과

테이프를 감음으로써 관절이 손상 받는 것을 방지할 수 있으며, 다친 부위에 가해지는 외부의 힘을 감소시킬 수 있다. 동시에 관절을 구부리거나 펴는 등 운동에 필요한 움직임은 가능하다는 것이 테이핑의 가장 큰 효과이자 장점이다.

인대는 뼈와 뼈를 잇고 있는 관절의 중심부에 있는 조직으로, 이것이 늘어나거나 찢어지는 것을 염좌(Sprain)라고 한다. 테이핑은 인대가 늘어나거나 찢어졌을 때 필요한 응급처치나 치료를 한 후 관절이 정상적으로 되돌아갈 때까지 관절의 흔들림을 방지하고 관절의 안정과 부상 재발을 막는 수단으로 활용된다.

오늘날 스포츠 현장에서 폭넓게 사용되는 테이핑이 올바른 방법으로 행하여지면 다음과 같은 효과를 제공하므로 운동기능 증진에도 크게 기여할 수 있다.

(1) 근육 및 관절의 가동 범위를 제한하며 근육에 대한 압박감을 준다.
(2) 국소적 부종을 예방하고 장력을 발생시킨다.
(3) 상처부위에 대한 감염을 예방하므로 피부조직을 보호한다.
(4) 환부조직을 교정, 보호한다.
(5) 조직의 결합에 도움을 준다.
(6) 인대 및 건(힘줄)에 대한 인공적인 역할을 대신한다.
(7) 통증을 감소시키며 가벼운 상해에는 깁스(석고고정) 대용으로 사용할 수 있다.
(8) 부상의 재발을 예방하고 재발 시 에는 손상 정도를 최소화시킨다.
(9) 정신적인 안정감을 제공한다.

5) 스포츠 테이핑 시행상의 주의사항

테이핑을 행하기 전에는 주의사항이 항상 고려되어야 한다. 왜냐하면 무분별하게 행하였을 경우 효과가 반감, 또는 부작용이 초래되기 때문이다.

(1) 테이프 부착부위는 알코올 등으로 청결히 하고, 물기를 잘 닦은 다음에 실시하도록 한다(물기가 남아 있으면 접착효과가 떨어진다).
(2) 테이프 부착 부위의 체모는 면도기 등을 이용하여 깨끗이 제거한 다음에 실시하도록 한다(테이프의 접착효과를 높이고 제거할 때 통증을 줄인다).
(3) 피부가 자극에 과민한 반응을 일으키는 사람은 테이핑을 실시하기 전에 언더 랩 (Under-Wrap)을 감아 피부를 보호해야 한다.
(4) 분명한 외상성 상해가 있는 경우에는 이에 대한 응급처치나 의료처치가 선행되어져야 하며 테이핑은 차선책으로 행해져야 한다.

6) 테이프의 종류

＊비탄력테이프(C-테이프)

＊언더-랩

＊기능성테이프(탄력테이프)

＊테이핑 전용 가위

7) 테이프 자르기

(1) 비탄력 테이프(C-테이프)자르기

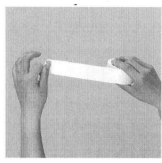

*롤 가운데에 중지를 넣고 테이프를 당긴다.

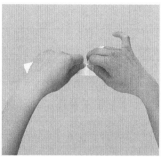

*좌·우 집게 손가락으로 고정한다.

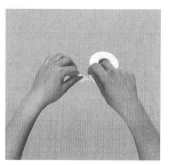

*롤을 잡은 손으로만 자른다.

*잘려진 모습

*중지를 테이프 부착부위에 댄다.

*손가락을 밀어 올리며 붙인다.

(2) 탄력 테이프(기능성 테이프)자르기

*테이프의 끝에서 둥글게 잘라나간다.

*그림과 같이 마무리한다.

(3) 테이프 제거하기

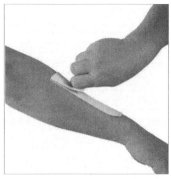

* 테이프를 눕혀서 떼어 낸다.

* 반대방향으로 눌러 주면서 뗀다.

(4) 언더-랩을 이용한 패드

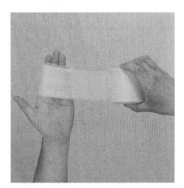

* 언더-랩을 여러 번 감는다.

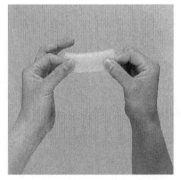

* 부착부위에 맞게 접는다.

* 모양을 다듬는다.

* 완성형

(5) C-테이프를 이용한 패드

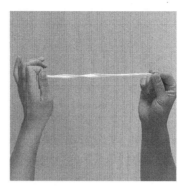

* C-테이프를 적당한 길이로 자른다.　　* 비틀면서 말아준다.

8) 스포츠 테이핑 기법의 기본형

테이핑을 행하는 과정에서의 일반적인 방법은 먼저 언더 랩(Under-Wrap)을 감아 피부를 보호하면서 접착테이프를 부착하고 이어서 신축테이프를 감아서 탄력을 제공하는데 상황에 따라 응용, 변경되고 있다. 때문에 테이핑 기법은 매우 다양하게 변화되고 있으며, 실제로 요즘은 신축 테이프를 먼저 감은 다음에 접착테이프로 고정하는 방법도 많이 행해지고 있다. 이렇게 각종 기법이 변화되는 가운데 테이핑 기법이 발전하기는 하나 응용기법 이전에 기본기법을 충분히 숙지하여야 함을 잊지 말아야 할 것이다.

다음은 신체의 일부분인 하지 부분에 많이 쓰이는 테이핑 기본형의 윤곽을 알아보도록 한다.

(1) 환행형(앵커, Anchor)

테이프 부착부위를 정한 이후에 동일한 부위를 한 바퀴 돌려서 부착한다.

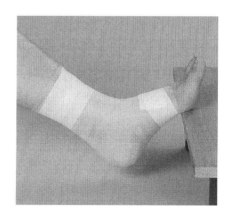

(2) 등자형(스터럽, Stirrup)

관절 내·외측이 비틀리는 것을 억제하고, 방지하는 역할의 U자 테이핑 기법이다.

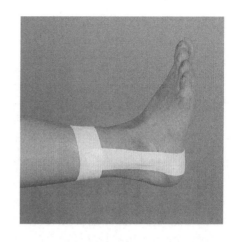

(3) 마제형(호스-슈, House-shoe)

등자 테이핑을 보조, 강화하는 방법으로 종골 및 그 둘레를 수평으로 감는 기법이다.

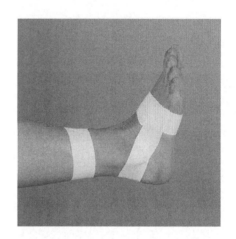

(4) 부채형

한쪽의 범위가 넓고 다른 한 쪽은 협소한 경우에 사용하는 방법이다.

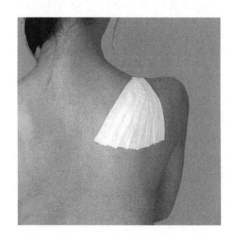

(5) 평행형

테이프를 수평, 수직, 대각선 등으로 나란히 붙여 나가는 방법이다. 약한 피부에 사용되는데 고정력이 약하다는 단점이 있다.

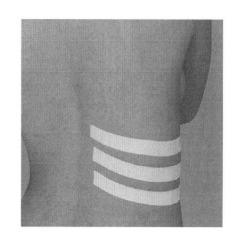

(6) X자형

이미 부착되어 있는 테이프의 지지기능을 증대시키고 압박을 가하여 조직의 안정을 도모하며, 회전운동을 제한시키는 역할을 하는데 대개 보강용으로 사용한다.

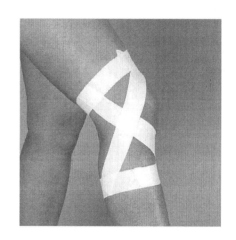

(7) 포궁형

돌출된 관절 부위를 활 모양으로 휘어서 사용함으로서 운동 가동범위를 제한하고 환부를 보호한다. 슬관절이나 주관절에 많이 사용한다.

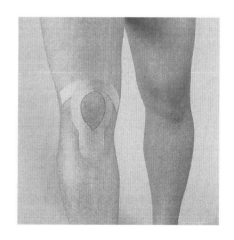

(8) 삼각형(힐 록, Heel lock)

족관절을 강하게 고정할 때 사용하며 족관절의 뒤틀림을 방지한다.

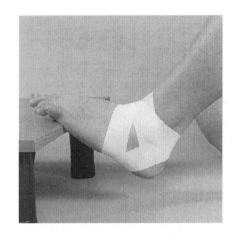

(9) 8자형(피겨 에이트, Figure eight)

족관절이나 수관절 등의 가동범위를 제한할 때 사용한다.

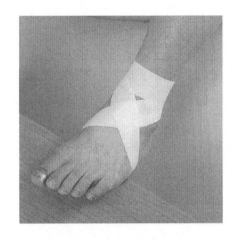

(10) 바구니형

평행형을 교차시키는 방법인데 테이핑 범위가 넓을 때 주로 사용한다.

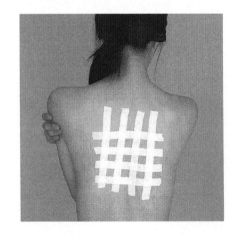

(11) 사두형

테이프의 양 끝 중앙을 2등분하여 머리를 4개로 만들어 사용하며, 돌출부위를 고정하거나 보호할 때 사용하는데, 대개 포궁형을 이루면서 부착한다.

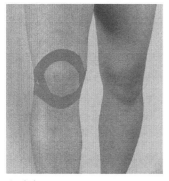
* 전면

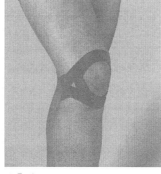
* 측면

* 사두형 테이핑

(12) 수직형

테이프 부위를 상향으로 강하게 끌어 올리는 작용이 필요할 때 상부 쪽으로 올리며 부착한다.

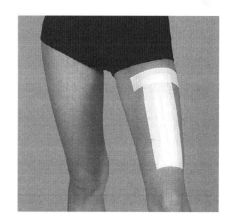

(13) 고정형 테이핑

테이핑이 끝난 이후에 특정 부위를 억제하고자 할 경우에 사용한다.

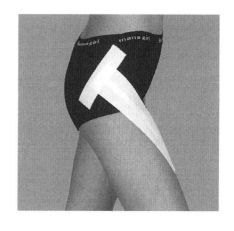

(14) 나선형

근육에 탄력을 제공하고자 할 경우에 신축 테이프를 사용하여 환행형에서 약간씩 비껴서 겹쳐 감는 방법이다.

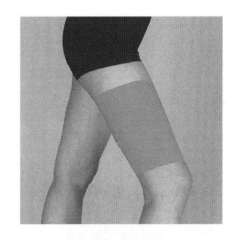

(15) 사행형

나선형에서 비껴 감는 범위를 넓게 감는 방법인데 탄력성과 고정력은 약하다.

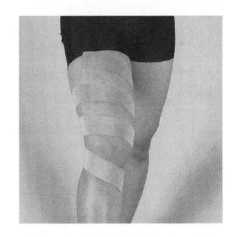

(16) 정자형

상처가 발생되었을 때 거즈 등을 대어 누르고 고정시킬 때 사용한다.

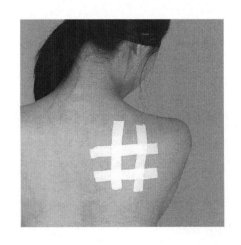

(17) 절전형

테이프의 방향을 갑자기 전환 시킬 때 테이프를 꺾어서 접어 사용하는 방법이다.

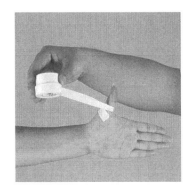
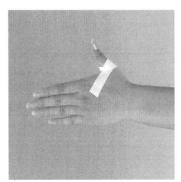

(18) 절상형

환부를 테이프의 접착면에 대고 순서대로 부착한 다음 마무리한다.

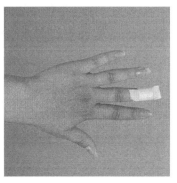

(19) 수평형

넓은 범위에서의 움직임을 제한하기 위해 사용한다.

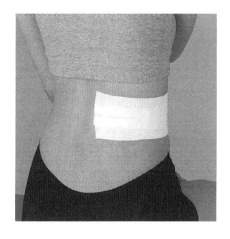

(20) 보리이삭형

테이핑 부위가 광범위 할 때 X자형을 반복하
면 나중에 보리이삭형이 된다.

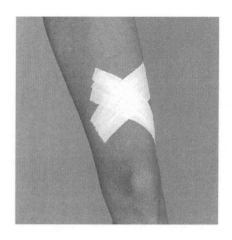

(21) 교형

다리를 놓는 방법으로 신전을 제한할 때 사용한다.

 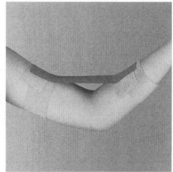

2. 스포츠 테이핑의 사용법

1) 언더 랩(Under-wrap)의 사용법

테이핑을 피부에 직접 붙임으로써 생길 수 있는 발진, 발적 및 염증으로부터 피부를 보
호하기위해 사용되는 것이 언더 랩이다. 약한 피부나 털을 깍지 않고 테이핑을 붙이기 위해
서도 사용되고 있다. 언더 랩 자체에는 접착력이 없기 때문에 너무 느슨하게 감지 않는 것
이 중요하고, 그렇다고 너무 팽팽하게 감으면 테이핑의 끝이 느슨해진다.

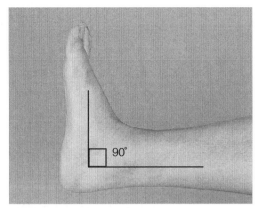

* 발목을 90도로 굴곡 시킨다.

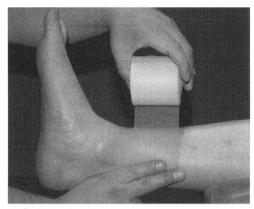

* 발목부터 감는다.

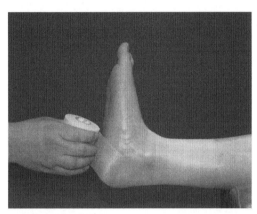

* 종골부위를 감싼다.

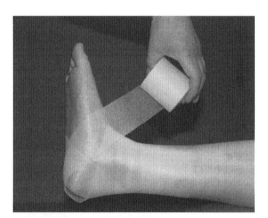

* 힐-록(Heel-Rock)테이핑을 한다.

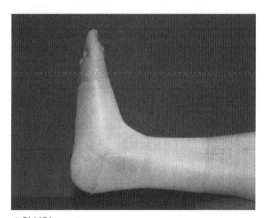

* 완성형

2) 발목(Ankle)부위 테이핑

(1) 기본형 발목 테이핑

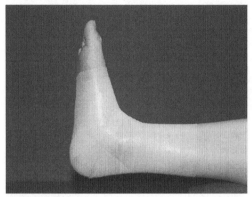

* 언더랩을 감는다.

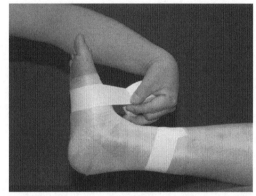

* 발목과 발등에 앵커 테이핑을 한다.

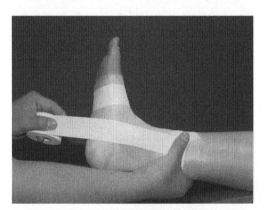

* 내측에서 외측으로 등자형 테이핑을 한다.

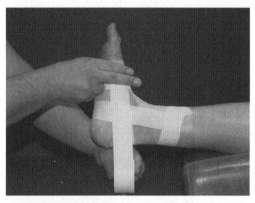

* 내측에서 외측으로 마제형 테이핑을 한다.

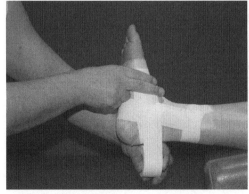

* 같은 방법으로 3/4씩 겹치게 테이핑 한다.

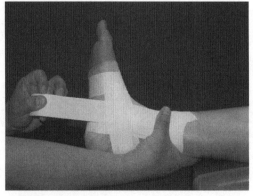

* 8자형 테이핑을 한다.

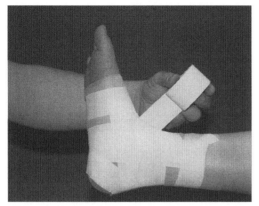

* 삼각형 테이핑(Heel-Rock)을 한다.

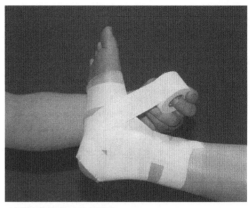

* 발등에서 Cutting한다.

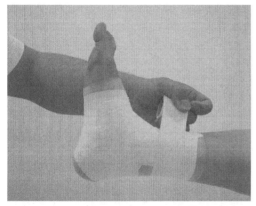

* 3/4씩 겹치게 마무리 써큘러(Circular)테이핑을 한다.

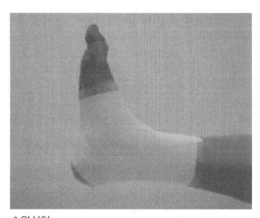

* 완성형

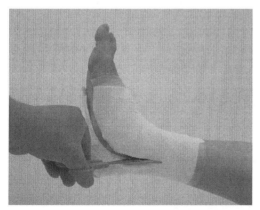

* Cutting시에는 내측 경골 부위를 피해서 자른다.

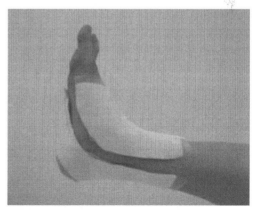

* 테이핑이 제거된 모습

(2) 발등 신전제한

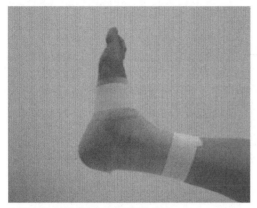

* 발목과 발등에 앵커 테이핑을 한다.

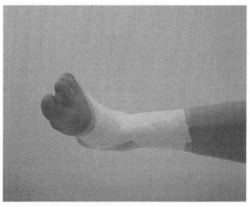

* 발등에 X자형 테이핑을 한다.

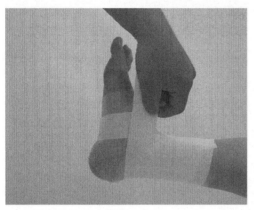

* 3/4씩 겹치게 테이핑한다.

* 삼각형 테이핑(Heel-Rock)을 한다.

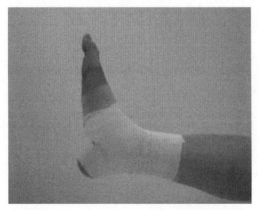

* 완성형

(3) Figure Eight(8자 감기)

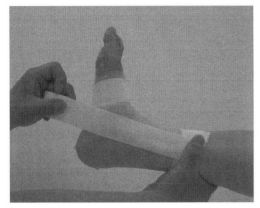
* 발바닥의 중앙을 지난다.

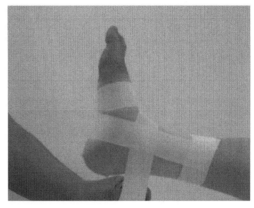
* 발등을 지나 Cutting한다.

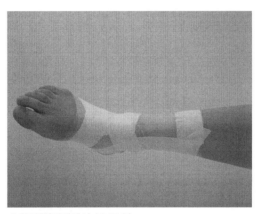
* 완성형(전면에서 본 모습)

(4) Large Heel Rock(라지 힐-록)

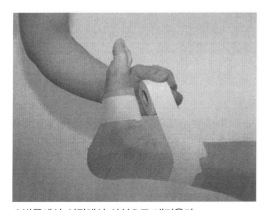
* 발목에서 시작해서 사선으로 내려온다.

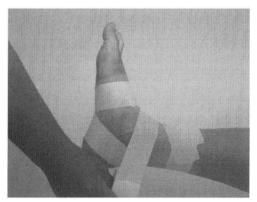
* 발목을 감싼다.

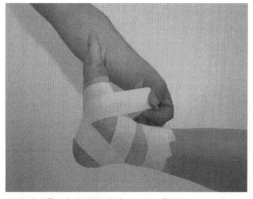

* 발바닥을 지나 발등에서 Cutting한다.

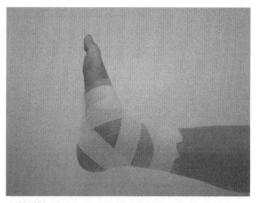

* 완성형

(5) Small Heel Rock Ⓐ (스몰 힐-록Ⓐ)

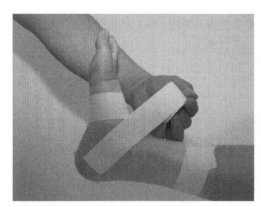

* 사선으로 시작한다.

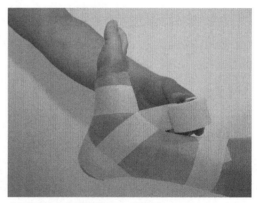

* 종골을 감싸며 발등으로 감는다.

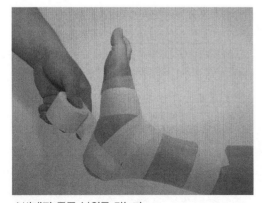

* 반대편 종골 부위를 감는다.

* 완성형

(6) Small Heel Rock Ⓑ(스몰 힐-록 Ⓑ)

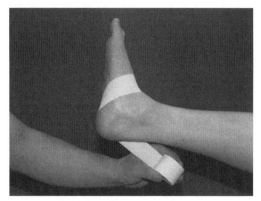

* 발등에서 시작해 종골 부위를 감싼다.

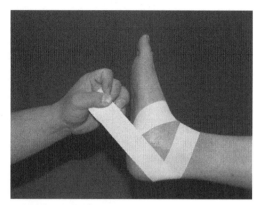

* 삼각형 테이핑을 한다.

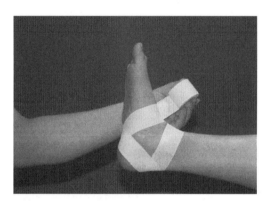

* 발등에서 Cutting한다.

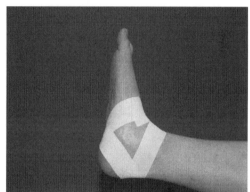

* 완성형

(7) Figure Eight & Heel Rock(8자형 테이핑 & 삼각형 테이핑)

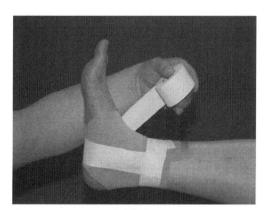

* Figure Eight으로 시작한다.

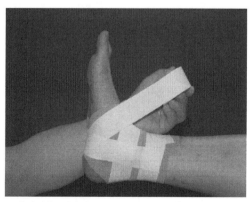

* 발바닥을 지나며 Heel Rock테이핑을 한다.

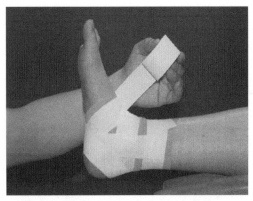

* 발등에서 Cutting한다.

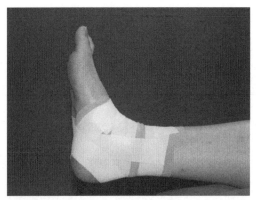

* 완성형

(8) 아킬레스(Achilles) 테이핑

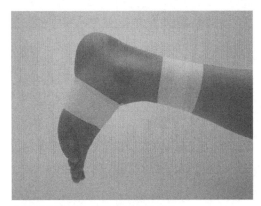

* 발목과 발등에 앵커 테이핑을 한다.

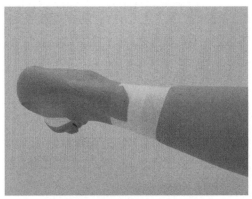

* 밸런스 테이프로 아킬레스건을 덮으며 테이핑 한다.

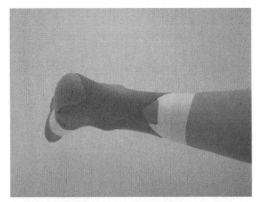

* X자형 테이핑을 한다.

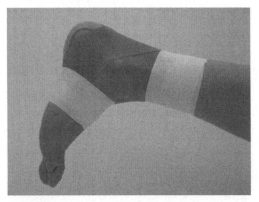

* 완성형

(9) 엄지발가락(Big Toe) 테이핑

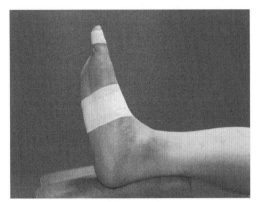

* 발등과 엄지발가락에 앵커 테이핑을 한다.

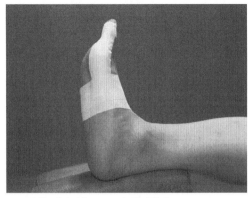

* 수직형 테이핑을 3~4회 실시한다.

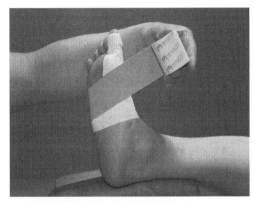

* 발바닥에서부터 밸런스 테이핑을 한다.

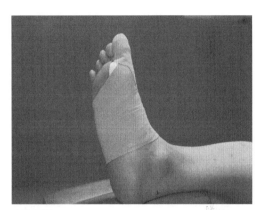

* 완성형

(10) Heel(발뒤꿈치) 테이핑

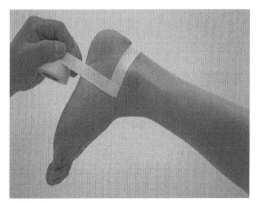

* 앵커 테이핑을 그림과 같이 한다.

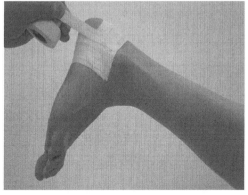

* 1/2씩 촘촘하게 압을 가하면서 테이핑 한다.

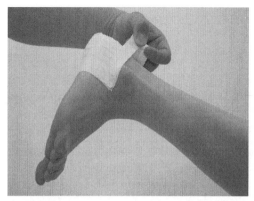

* 테두리를 정리한다.

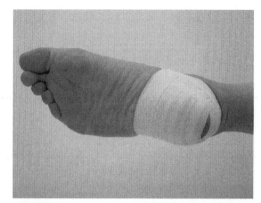

* 완성형

(11) Plantar Fascitis(족저근막염) 테이핑

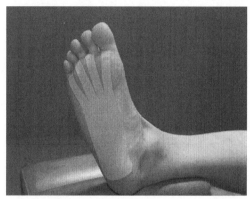

* 발바닥에 사두형 테이핑을 한다.

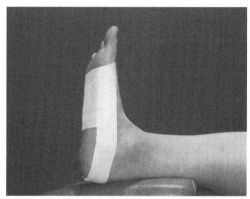

* 마제형 테이핑을 한 후 발바닥을 2/3씩 겹치게 테이핑 한다.

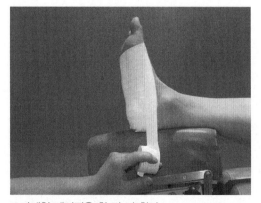

* 마제형 테이핑을 한 번 더 한다.

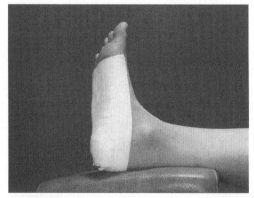

* 완성형

(12) 아킬레스(Achilles) 테이핑(Balance Taping)

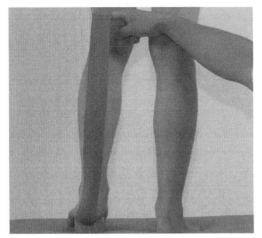

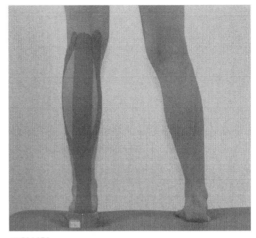

* 종골 부위부터 오금부위 까지 테이핑 한다.

* 완성형

3. 상체(Upper Extremity)

1) 어깨(Shoulder) 테이핑

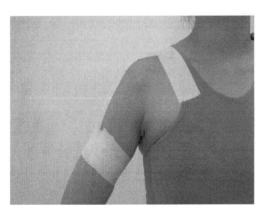

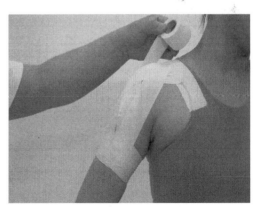

* 상완과 견봉 부위에 앵커 테이핑을 한다.

* 상완에서 견봉 부위로 올려 테이핑 한다.

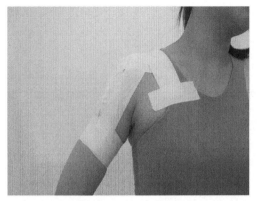

* 고정형 테이핑을 한다.

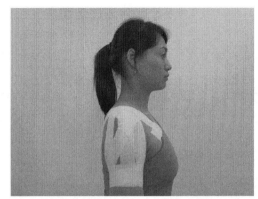

* 완성형

2) 어깨(Shoulder) 테이핑(Balance Taping) 1

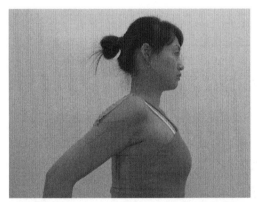

* 상완을 최대한 뒤로 신전 시킨 후 전삼각근 부위에 테이핑 한다.

* 상완을 최대한 앞으로 굴곡 시킨 후 후삼각근 부위에 테이핑 한다.

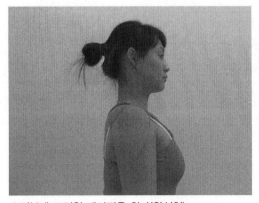

* 견봉에 고정형 테이핑을 한다(완성형).

3) 대원근(Teres major)테이핑

＊견갑골(Scapula) 하각(Inferior angle)에서 시작한다.

＊상완을 최대한 굴곡, 내전 시킨 후 테이핑 한다.

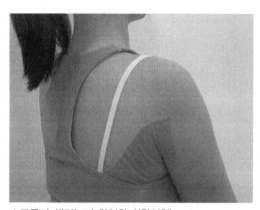

＊주름이 생겼는지 확인한다(완성형).

4) 어깨(Shoulder) 테이핑(Balance Taping) 2

＊삼각근 테이핑을 한다.

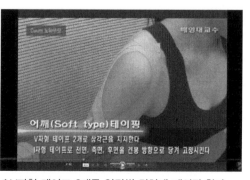

＊Y자형 테이프 2개를 약간씩 겹치게 테이핑 한다.

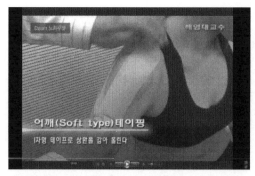

* 상완에서 견봉으로 올려 테이핑 한다.

* 전방에서 견봉으로 후방에서 견봉으로 테이핑 한다.

* 상완에 마무리 테이핑을 한다(완성형).

5) 목(Neck)테이핑

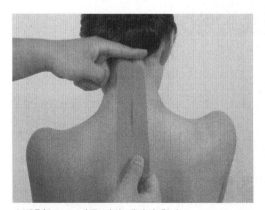

* 경추(Cervical)를 따라 테이핑 한다.

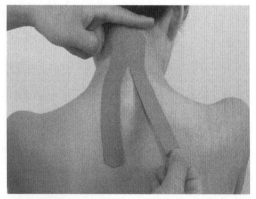

* 경추(cervical) 횡돌기(transverse process)를 따라 테이핑 한다.

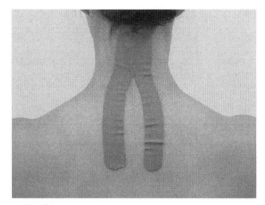

＊완성형

6) 승모근(Trapezius)테이핑

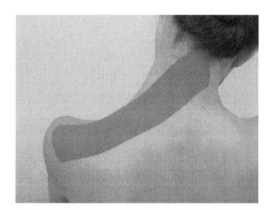

＊목을 스트레치(Stretch)한 후 견봉 부위까지 붙인다.

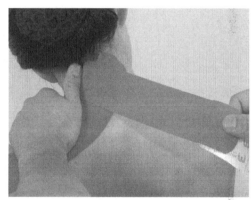

＊반대쪽도 같은 방법으로 붙인다.

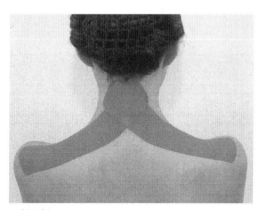

＊완성형

7) 흉쇄유돌근(S.C.M-Sternocleidomastoid)테이핑

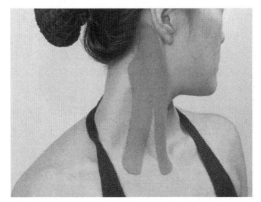

* 쇄골(Clavicle)과 흉골(Sternum)에 붙인다.

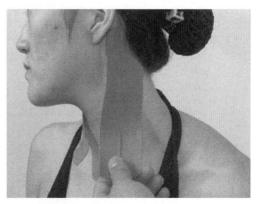

* 같은 방법으로 테이핑 한다.

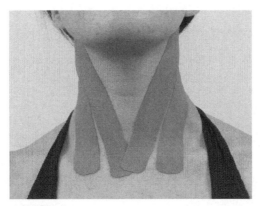

* 완성형

8) 가슴(Chest)테이핑

10cm 길이의 테잎을 어깨에서 시작하여
가슴쪽으로 넓게 벌려서 붙여준다.

* 견봉 부위에서 시작한다.

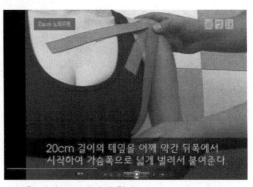

20cm 길이의 테잎을 어깨 약간 뒤쪽에서
시작하여 가슴쪽으로 넓게 벌려서 붙여준다.

* 같은 방법으로 테이핑 한다.

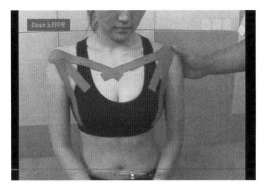

*＊완성형

9) 등(Upper Back)테이핑 - 능형근(Rhomboid)

*＊사두형 테이핑을 한다.

*＊좌·우 같은 방법으로 한다.

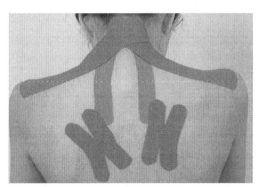

*＊완성형

10) 광배근(Latissimus dorsi) 테이핑

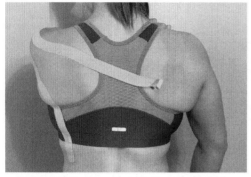 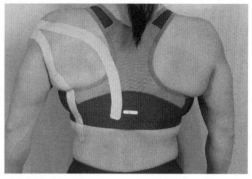

*상완을 내측으로 스트레치 한 후 테이핑을 한다.   *완성형

11) 상완 이두근(Biceps brachii) 테이핑

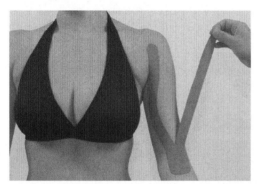 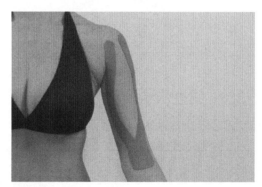

*견갑골의 오훼돌기(coracoid process of   *완성형
 scapula)에 부착한다.

12) 상완 삼두근(Triceps brachii) 테이핑

*상완 삼두근(Triceps brachii)을 최대한 신전 시킨   *완성형
 후 테이핑 한다.

13) 주관절(Elbow) 테이핑

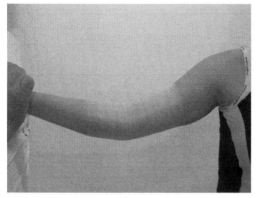

* 언더-랩(Under-wrap)을 감는다.

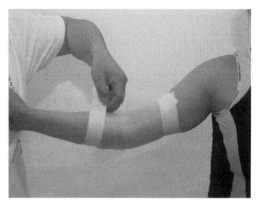

* 상완과 전완에 앵커 테이핑을 한다.

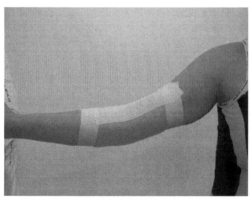

* 주관절을 약간 굴곡 시킨 후 테이핑을 한다.

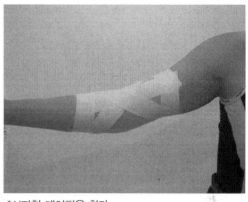

* X자형 테이핑을 한다.

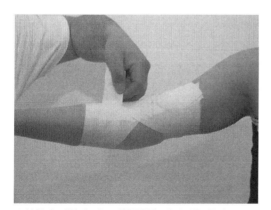

* 상완과 전완에 마무리(환행형) 테이핑을 한다.

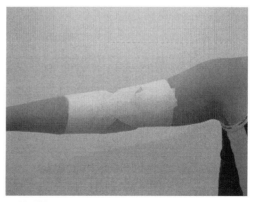

* 완성형

14) 주관절 내측상과(Medial epicondyle) 테이핑

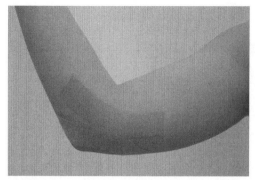

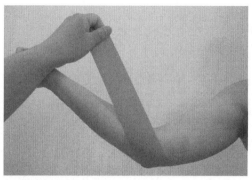

* 내측상과(Medial epicondyle) 부위에 사두형 테이핑을 한다.

* 상완을 외회전(External rotation)시킨 후 외측으로 감으며 테이핑 한다.

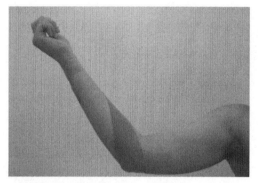

* 완성형

15) 주관절 외측상과(Lateral epicondyle) 테이핑

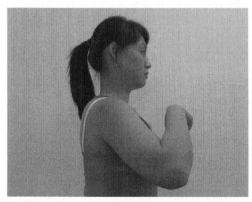

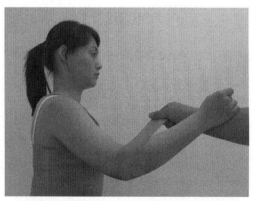

* 외측상과(Lateral epicondyle) 부위에 사두형 테이핑을 한다.

* 상완을 내회전(Internal rotation)시킨 후 내측으로 감으며 테이핑 한다.

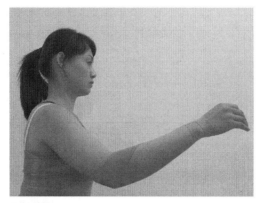

* 완성형

4. 하체(Lower Extremity)

1) 무릎(Knee) 테이핑

(1) 내측 측부 인대(M.C.L-Medial collateral ligament) 테이핑

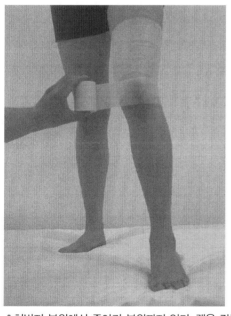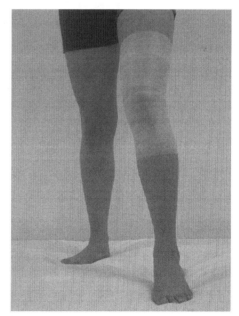

* 허벅지 부위에서 종아리 부위까지 언더-랩을 감는다.

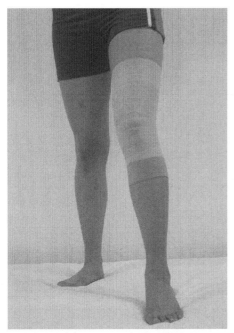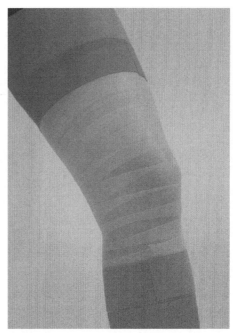

＊피부와 언더-랩이 1/2정도 겹치게 밸런스 테이핑을 한다.

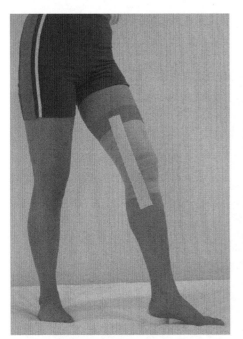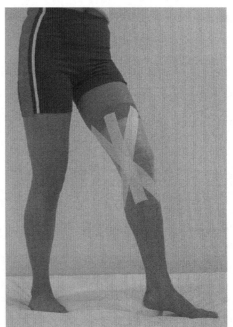

＊M.C.L 부위에 X자형 테이핑을 한다.

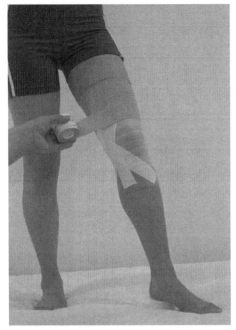 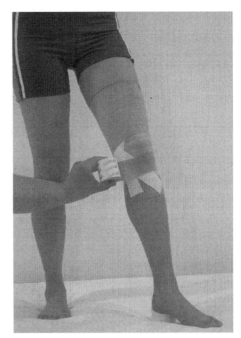

＊밸런스 테이프를 1/2씩 겹치게 슬개골을 피해서 감는다.

 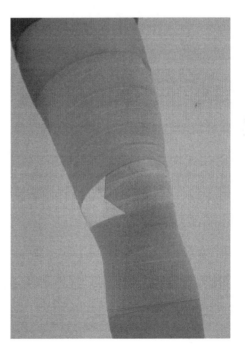

＊완성형

(2) 반월상 연골(meniscus)테이핑

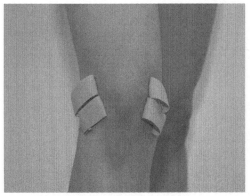

* 사두형 테이핑을 슬개골 주위에 붙인다.

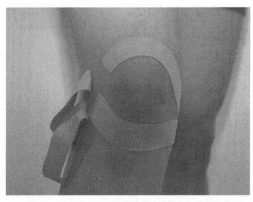

* 무릎을 굴곡 시킨 후 슬개골을 피해서 테이핑을 한다.

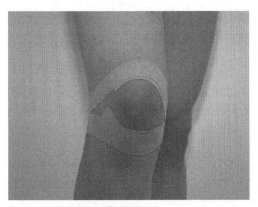

* 그림과 같이 테이핑을 한다.

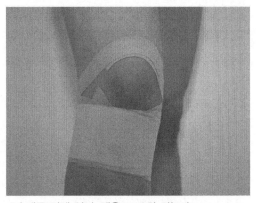

* 슬개골 밑에 언더-랩을 7~8회 감는다.

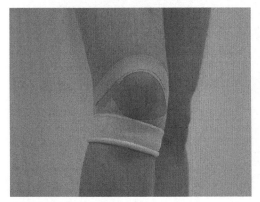

* 동그랗게 말아 올린다.

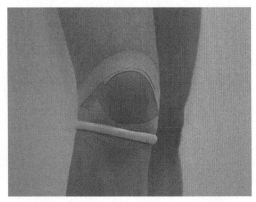

* Knee Joint 부위에 고정 시킨다.   (완성형)

(3)타박상(Contusion)테이핑

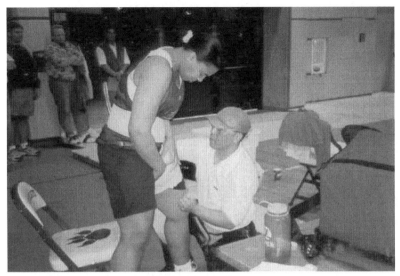

＊먼저 타박상(Contusion)을 입은 부위에 Icing을 한다.

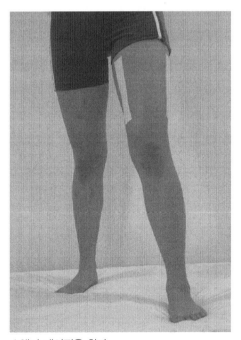

＊앵커 테이핑을 한다.

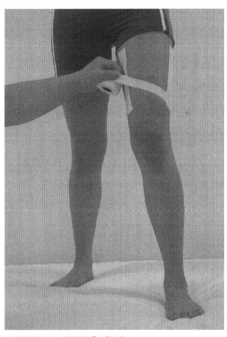

＊사선으로 테이핑을 한다.

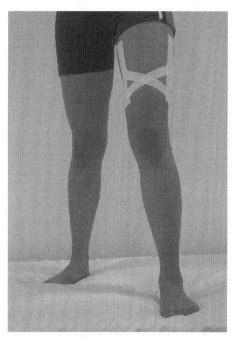

* 교대로 붙여 올라간다.

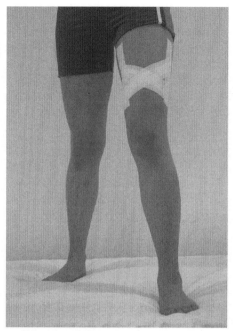

* 1/2씩 겹치게 붙인다.

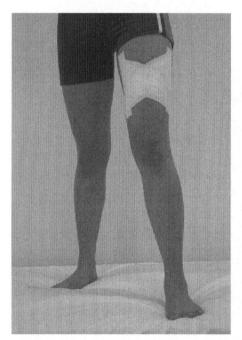

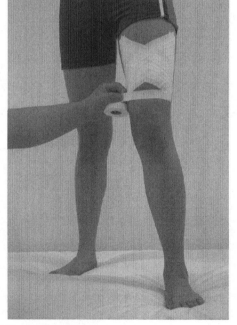

* 앵커 테이프의 끝 지점까지 테이핑을 한 후 수평으로 테이핑을 한다.

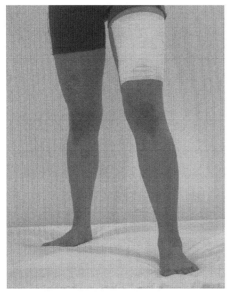 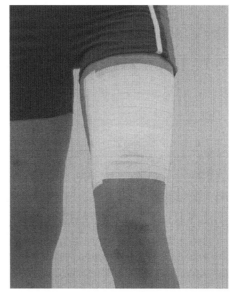

* 끝까지 테이핑을 한 후 내측과 외측에 고정형 테이핑을 한다(완성형).

(4) 허벅지 부위(Thigh) 테이핑

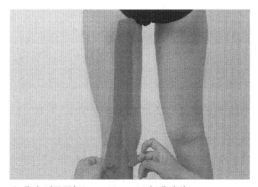

* 대퇴 이두근(Biceps femoris) 테이핑

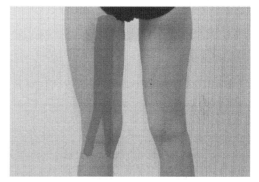

* 완성형

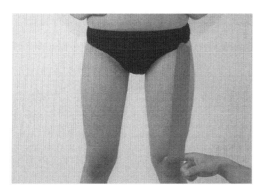

* 대퇴직근(Rectus femoris) 테이핑

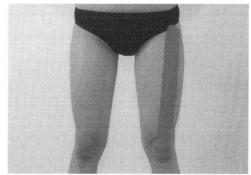

* 완성형

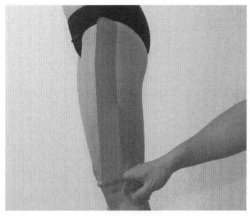

＊ 장경인대(iliotibial tract) 테이핑

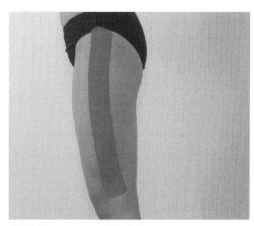

＊ 완성형

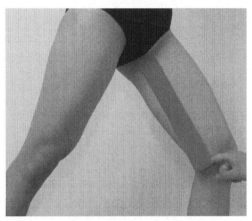

＊ 대퇴내측근육(Adductor muscle) 테이핑

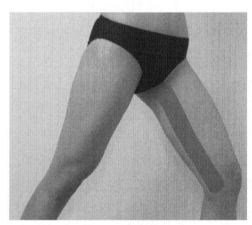

＊ 완성형

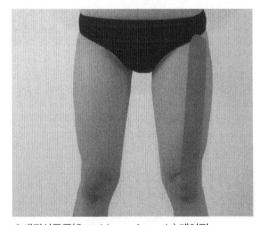

＊ 대퇴사두근(Quadriceps femoris) 테이핑

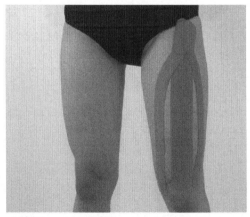

＊ 완성형

(5) 외반슬(Valgus) 테이핑

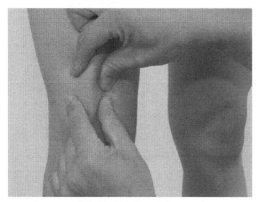

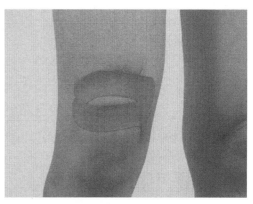

*＊ Q각(Q angle)을 측정한 후 외측(Lateral)으로 밀면서 테이핑을 한다.

*＊ 밸런스 테이프를 이용하여 외측으로 약간 당기면서 테이핑을 한다.

(6) 무릎 밸런스 테이핑(Soft type)

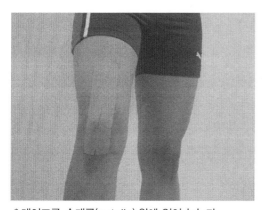

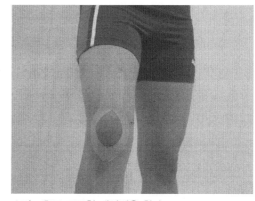

*＊ 테이프를 슬개골(patella) 위에 얹어 놓는다.

*＊ 좌 · 우로 포궁형 테이핑을 한다.

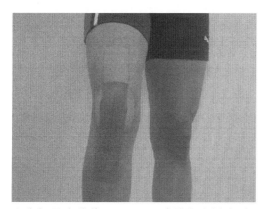

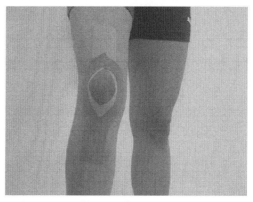

*＊ 테이프를 슬개건(patella tendon) 위에 얹어 놓는다.

*＊ 좌 · 우로 포궁형 테이핑을 한다.

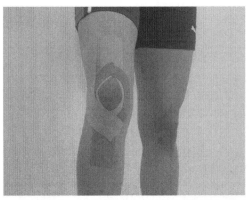
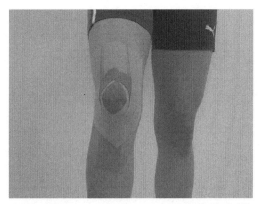

*L.C.L(lateral collateral ligament)에 테이핑을 한다.

*M.C.L(medial collateral ligament)에 테이핑을 한다(완성형).

2) 힙(Hip) 테이핑

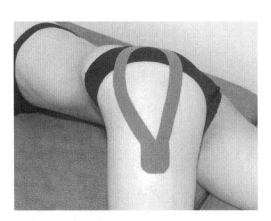

*좌·우로 포궁형 테이핑을 한다.

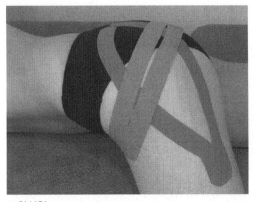
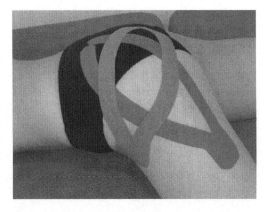

*완성형

3) 허리(Lower back) 테이핑

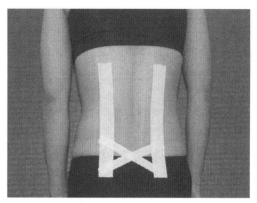

*좌 · 우 척추기립근(Erector spinae) 옆에 앵커 테이핑을 한다.

*사선으로 테이핑을 한다.

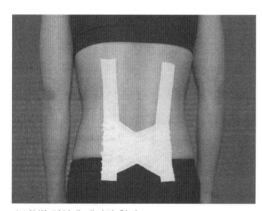
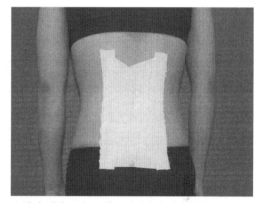

*1/2씩 겹치게 테이핑 한다.

*앵커 테이프가 끝나는 지점까지 테이핑 한다.

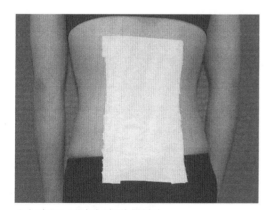
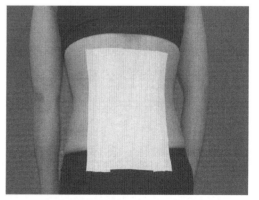

*수평으로 끝까지 1/2씩 붙인다.

*좌 · 우로 고정형 테이핑을 하여 완성한다(완성형).

4) 허리(Lower back) 테이핑(Soft type ①)

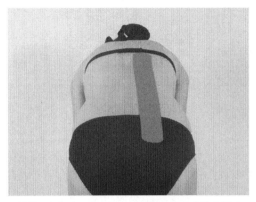

＊척추 기립근(Erector spinae)을 따라 테이핑 한다.

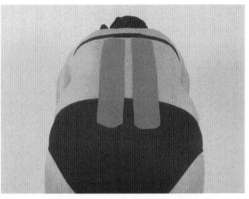

＊좌·우 척추 기립근(Erector spinae)에 같은 길이로 붙인다.

(Soft type ②)

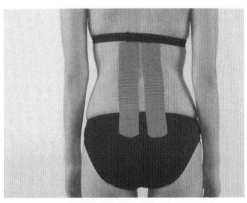

＊주름을 확인한다(완성형).

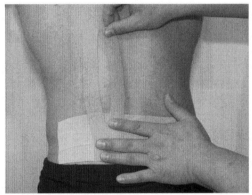

＊테이핑 범위가 넓은 경우

(Soft type ③)

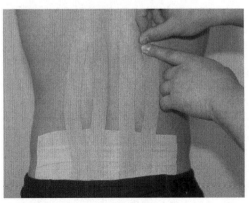

＊좌, 우를 똑같이 붙인다(완성형).

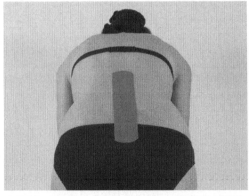

＊요추(Lumbar vertebrae)를 따라 수직으로 붙인다.

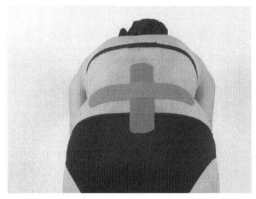

*＊장골능(Crest of ilium)을 서로 연결한다.

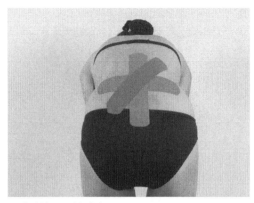

*＊대각선으로 붙인다.

*＊대각선으로 붙인다.

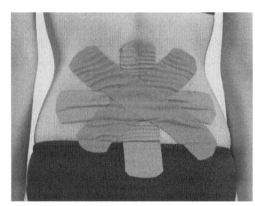

*＊완성형

5) 복부(Abdomen) 테이핑

(Soft type ①)

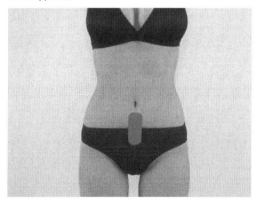

*＊(복직근 : Rectus Abdominis) 하복부에 수직으로 붙인다.

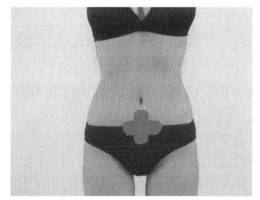

*＊하복부에 수평으로 붙인다.

(Soft type ②)

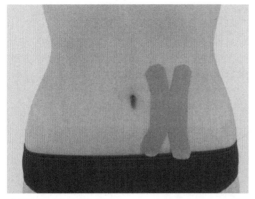

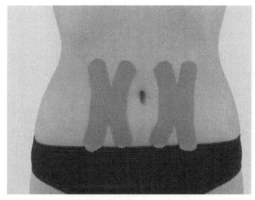

*사두형 테이핑을 한다.

*좌 · 우에 테이핑을 한다.

(Soft type ③)

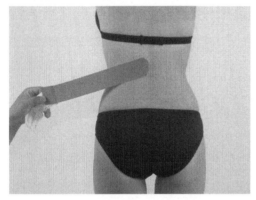

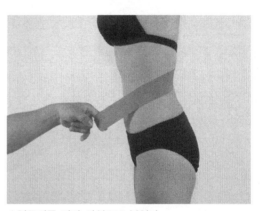

*(외복사근 : External Oblique)허리에서 사선으로 시작한다.

*옆구리를 따라 사선으로 붙인다.

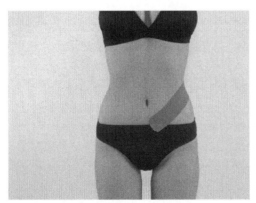

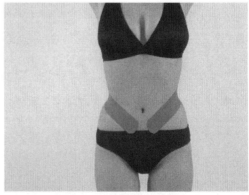

*하복부까지 붙인다.

*좌 · 우를 같은 방법으로 붙인다(완성형).

(Soft type ④)

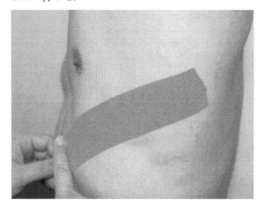

＊같은 방법으로 약간 겹치게 붙인다(완성형).

＊(전거근 : Serratus anterior)사선으로 붙인다.

(Soft type ③)

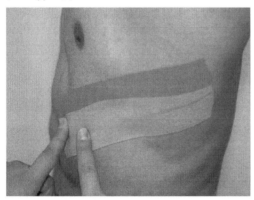

＊1/2 정도 겹치게 붙인다.

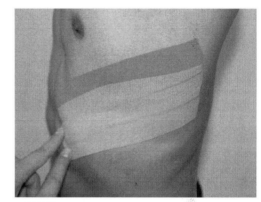

＊완성형

CPR에 관해서 흔히 듣는 질문

1. CPR에 의한 AIDS나 간염의 전염 위험성은?

CPR을 함으로써 AIDS, 간염 등 전염병에 감염될 위험성을 일반적으로 우려하고 있으나 CPR을 하는 것으로 해서 그런 전염병에 감염될 확률은 극히 적다. 오늘날에 이르기까지 입에서 입으로의 CPR에 의해서 AIDS나 간염이 전염된 사실은 없지만, 만약 그런 위험을 걱정한다면 페이스마스크와 같은 실드를 사용하면 된다. 이와 같은 실드 타입의 것은 환자의 입을 덮도록 씌워서 사용하는 것이다.

중요한 사실은 호흡정지나 심장정지의 70~80%가 가정 내에서 일어나고 있다. 이러한 경우에는 환자를 잘 알고 있으며, 또 환자의 용태를 잘 알고 있다. CPR을 습득하는 주된 목적은 자기의 가족이나 친한 친구를 구하기 위한 것이다.

2. CPR의 위험성은?

CPR을 잘못하면 환자에게 장해를 주는 일이 있으므로 퍼포먼스 가이드라인에 따라서 마네킹을 사용하여 실습하도록 권한다.

잘못된 CPR 실시방법의 예로는 다음과 같은 것들을 들 수 있다.

- **올바르지 않은 손의 위치** 흉부압박 심장마사지를 할 때 손의 위치가 잘못 되면 흉골이나

검상돌기가 골절이 되거나 간장, 폐, 비장을 다치게 하는 일이 있다.

- **흉부압박을 할 때에 압력을 가한 채로 압력을 계속하면** 심장에 혈액이 충만하지 못하게 된다.
- **손을 튀기며 흉부압박을 하면** 손의 위치가 늑골에서 빗나가 버린다.
- **늑골을 충분히 깊게 압박하지 않으면** 뇌나 중요한 기관에 혈액이 공급되지 않는다.
- **너무 깊게 흉부압박을 하면** 내장을 다치게 하는 일도 있다.
- **인공호흡을 할 때 불어 넣는 공기가 너무 많거나** 호흡의 속도가 너무 빠르거나, 기도가 충분히 열려 있지 않으면 위에 공기가 들어가서 팽창되어 환자가 구토를 하는 결과가 되어 환기가 충분치 못하게 된다.
- (하임릭법으로)복부에 충격을 가하는 경우, **손의 위치가 바르지 못하면** 내장에 장해를 주는 결과가 되는 일이 있다.

올바르게 CPR을 실시하고 있을 때라 할지라도 흉부를 압박했을 때 무엇인가 파열하는 "팡"하는 소리나 "픽"하는 소리가 들리면 일단 압박을 중지하고 손의 위치를 다시 확인한 다음 계속해야 한다. 만약 손의 위치가 바른데도 소리가 났을 경우에는 그것은 아마 연골관절에서 늑골이 흉골로 이탈했을 때의 소리일 것이다. 이러한 장해는 심폐소생법이 성공하면 후에 회복이 되는 것이다. 손의 위치가 올바르다 해도 늑골의 타박상은 일어나기 쉽다. 특히 고령자나 병을 가진 환자에게 일어나기 쉽지만 이것도 나중에는 회복이 가능한 증상이다. 심장이 정지해 버린 환자에 대해서 위에서 말한 바와 같은 장해의 우려 때문에 CPR을 실시하지 않거나 필요한 압박을 가하지 않거나 하면 환자의 죽음은 확실하게 된다.

3. 교통사고 등으로 목을 다쳤다고 생각되는 환자의 기도확보는 어떻게 해야 하는가?

목을 다쳤다고 생각되는 환자의 기도확보에서는 머리를 뒤로 젖히고 턱만을 위로 밀어 올린다. 그래도 기도가 확보되지 않을 경우에는 기도가 확보될 때까지 천천히 머리 뒤로 젖힌다.

4. 환자가 구토를 하기 시작하면 어떻게 하면 좋은가?

환자의 머리와 몸을 옆으로 하여 환자의 토물이 기도로 들어가지 않도록 한다. 손가락에 천을 감아(양복지락이나 손수건으로) 입속에 넣어 빙그르 한 바퀴 휘저어 토물을 제거한다. 그리고 환자를 원래의 자세대로 돌려 CPR을 계속한다.

5. CPR의 효과를 어떻게 알 수 있는가?

흉부압박의 심장마사지나 인공호흡법은 AHA의 가이드라인에 따라서 실시한다. 예를 들면 성인의 흉부압박은 흉골을 4~5cm 가량을 누르면 충분하다. 만약 두 번째의 구조자가 그 자리에 함께 있었을 경우에는 CPR을 실시하고 있을 때에 그 사람에게 경동맥을 촉진케 한다. 흉부를 압박할 때마다 경동맥이나 상완동맥에 강한 맥박이 감지된다. 인공호흡의 효과를 체크할 때는 환자의 가슴이 숨을 들이쉬었을 때 부풀어 오르는 것을 관찰한다. 들이쉬는 공기의 양이 너무 많으면 위를 팽창시키므로 주의를 요한다.

6. 맥박이나 호흡이 돌아왔는지 어떻게 알 수 있는가?

맥박이 재개할 때는 극적으로 시작하는 경우도 있으며, 또 전혀 알지 못하게 시작되는 일도 있다. 그것은 호흡 개시와 함께 되는 일도 있으며 그렇지 않은 경우도 있다. 극적인 경우는 환자는 크게 숨을 쉬려고 헐떡이거나, 몸을 움직이거나, 때로는 의식을 되돌리기도 한다. 그와는 반대로 조용히 맥이 되돌아오는 경우에는 맥박을 체크하기까지 알아차리지 못할 것이다.

평가는 성인환자의 경우는 인공호흡과 흉부압박의 사이클을 4회를 완료했을 때하고 그 후 수분마다 한다(어린이나 유아의 경우는 최초의 20회의 사이클을 완료했을 때에 하고 그 후 수분마다 체크한다).

최종 사이클의 인공호흡을 2회 불어넣은 후에 맥박을 체크한다(재평가를 한다). 한손을 환자의 이마에 대고 기도를 유지하고 두 개의 손가락으로 경동맥을 촉진한다(유아의 경우에는 상완동맥을 촉진한다). 만약 맥박이 없을 경우에는 CPR을 계속한다. 그리고 맥박이 있을 경우에는 호흡을 체크한다.

- 호흡을 하고 있을 경우에는 기도를 확보한 채 맥박과 호흡을 모니터한다. 환자를 혼수체위로 하여 기도를 유지한다.
- 호흡을 하지 않고 있을 때는 인공호흡을 한다. 성인의 경우에는 1분에 12회의 속도(5초마다 1호흡), 어린이나 유아의 경우에는 1분에 20회의 속도 (3초마다 1호흡)로 하여 계속해서 맥박을 체크한다.

7. '목으로 호흡을 하고 있는 환자의' CPR은 어떻게 하는가?

'목으로 호흡을 하고 있는 환자'는 수술로 성대가 적출되어 영구히 목에 구멍이 나있게 되어 그곳으로 기도나 기관이 직접 이어져 있다. 이런 환자는 목이 붙어 있는 부위를 보면 구멍이 뚫려 있어서 그것을 보고 판단이 된다.

이러한 환자의 호흡체크는 자기의 귀를 목에 나있는 구멍 가까이에다 대고 한다. 상세한 정보 문의는 '조지어주 애틀란타 클립톤 거리 NE 15번 미국암학회 앞 국제후두절제협회'로 한다. International Association of Laryngectomees, c /o the American Cancer Society, 1599 Clifton Rd. NE, Atlanta, GA 39,B29.

8. 환자가 침대 위에서 발견되었다. 딱딱하고 안정된 장소를 확보하기 위해서 환자를 바닥에 다 내려놓으려고 하는데 환자의 척추를 다치지 않게 하고 내려 놓으려면 어떻게 하면 좋은가?

환자를 움직일 때는 항상 환자의 목과 머리를 보호해야 한다. 만약 혼자서는 환자를 움직일수 없을 경우에는 환자를 침대 위에 그대로 두고 등 부분에 딱딱하고 평평한 것을 대어 준다.

9. 심장발작이라고 생각되는 성인이 있을 경우 어떻게 하면 좋은가?

먼저 환자를 진정시켜 조용히 누워 있게 한다. 협심증이건 심장발작이건 심근에 산소가 충분히 공급되지 못했을 때 일어나므로 환자의 움직임을 최소한으로 하게 한다. 만약 흉부의 불쾌감이 수분 이상 계속되는 경우에는 구급의료기관에 통보한다.

10. 니트로글리세린을 복용하고 있는 환자가 흉부의 불쾌함을 호소했을 경우, 어떻게 하면 되는가?

처방전에 따라서 니트로글리세린을 복용케 한다. 니트로글리세린을 몇 봉을 복용해도 흉부의 통증이 가라앉지 않을 경우에는 구급의료기관에 통보한다.

11. 자기 혼자일 때에 환자를 발견했을 경우에는 먼저 전화를 걸어야 하는가, CPR을 실시해야 하는가?

환자가 어른인 경우에는 먼저 전화를 한 다음 CPR을 실시한다. 구급대가 조속히 달려올 수 있도록 구명의 확률이 높아진다. 왜냐하면 구급차에는 보다 고도의 의료기기나 고도의 전문 기술을 익힌 대원이 타고 있기 때문이다. 어린이인 경우에는 심장정지보다도 호흡정지를 일으키기 쉬우므로 먼저 CPR을 1분간 하여 호흡도 맥도 돌아오지 않을 경우에는 조속히 구급 의료기관에 통보한다.

12. 환자가 의치를 끼고 있을 경우 어떻게 하면 좋은가?

되도록 의치는 그대로 둔다. 의치를 끼고 있으므로 해서 인공호흡을 할 때 환자의 입에다 자기 입을 덮어 밀봉을 할 때 공기가 새는 것을 막을 수 있기 때문이다. 만약 의치가 너무 헐렁하거나 방해가 되는 경우에는 부득이 제거한다.

13. 위의 팽창을 방지하려면 어떻게 하면 좋은가?

위의 팽창(공기가 위속으로 들어가서)은 숨을 불어넣을 때 압력이 너무 크거나 기포가 일부 폐쇄되어 있을 때에 일어난다. 인공호흡의 속도와 압력을 조절함으로써 위의 팽창을 최소한으로 막을 수 있다. 환자의 입에다 1호흡 1.5~2초가량의 느린 속도로 하며, 또 흉부가 부풀어 오른 후에도 무리하게 공기를 불어넣지 않도록 주치한다.

14. 기도가 완전히 폐쇄되어 있는 환자가 임신 중이거나 몹시 비만인 경우, 어떻게 하면 좋은가?

임신의 진행도나 비만의 정도에 의해서 안전하고 효과적으로 복부에 충격을 가하지 못하는 경우를 제외하고는 다른 환자의 같은 처치를 한다. 복부충격을 할 수 없는 경우에는 흉부충격을 한다.
- 의식이 있는 환자에게 흉부충격을 가하는 데는(환자가 서 있거나 앉아 있는 경우)
- 환자 바로 뒤에 선다.
- 환자의 겨드랑이 밑을 통해서 양팔을 앞으로 돌린다.

- 엄지를 위로 가게 하여 주먹을 쥐어 흉골 한가운데 두고, 다른 한 손으로 주먹을 잡는다.
- 이물을 토해낼 때까지 환자의 가슴속 방향으로 충격을 가한다. 만약 환자가 의식을 잃었을 경우에는 중지한다. 의식을 잃은 환자에게 흉부충격을 가하는 경우에는 딱딱한 곳의 표면에 눕혀서 한다.
- 반듯이 눕힌다.
- 흉부압박(심장마사지) 때와 같은 위치에 손을 둔다.
- 이물을 토해내도록 정확한 충격을 1회씩 가한다.

15. 의식이 있고 기도가 폐쇄된 환자에게는 기도폐쇄처치를 언제 시작하면 되는가?

이물에 의해서 기도가 완전히 폐쇄되는 일도 있으며 부분적 폐쇄가 되는 일도 있다. 부분적으로 기도가 폐쇄되었을 경우에는 환자가 효과적으로 환기를 할 수 있는 경우와 못하는 경우가 있다. 환기를 효과적으로 할 수 있는 경우에는 기침을 하면서 '헉 헉' 헐떡이면서도 환기를 할 수가 있다. 환기를 효과적으로 할 수 있는 환자는 계속해서 스스로 기침을 하며 호흡을 하도록 해야 한다. 이런 상태에서는 환자가 이물을 토해 내려고 하는 노력을 방해해서는 안 된다. 남이 이물을 집어내기보다도 환자 자신이 이물을 토해내기가 쉽다.
효과적으로 환기를 못하는 경우나 혹은 환기를 잘 했으나 악화가 되었을 경우에는 기침을 효과적으로 못해서 숨을 들이쉴 때는 음률이 높은 소리를 낸다. 이런 상태는 부분적인 기도폐쇄이지만 기도 완전 폐쇄처치를 한다.
기도 완전폐쇄에서는 환자는 말, 호흡, 기침이 불가능하다. 환자는 이런 때에 목에 손을 댈지도 모른다(만국 공통신호). 만약 환자가 말을 못할 경우에는 기도폐쇄 처치를 실시한다.

16. 인공호흡을 하려는데 환자의 입이 벌어지지 않을 경우 어떻게 하면 좋은가?

입에서 입으로의 인공호흡(Mouth-to-Mouth)을 할 수 없는 경우에는 입에서 코로의 인공호흡(Mouth-to-Nose)도 효과가 있다.
- 이마에 손을 대고 머리를 뒤로 젖힌다.
- 다른 한 손으로 턱을 들어올려 입을 봉쇄한다.
- 심호흡을 하고 자기 입으로 환자의 코를 밀봉하고 코에 숨을 불어넣는다.
- 환자가 숨을 뱉어낼 때는 누르고 있는 턱을 느슨하게 한다.

17. 하임릭법을 실시하는데 따른 위험은?

내장에 장해를 가하거나 구토를 하게 하는 일이 있다. 복부충격의 경우 구조자의 손은 배꼽 위, 검상돌기(흉골의 끝) 아래에 두어야 한다. 유아의 경우에는 복부충격을 하면 내장에 장해를 줄 위험이 있으므로 하임릭법 대신에 배부고타법이나 흉부충격법을 사용한다. 흉부충격법의 경우에는 손의 위치는 검상돌기보다 위에 있어야 한다.

18. 자기 혼자 있을 때에 기도폐쇄가 되면 어떻게 하면 좋은가?

혼자 있을 경우에도 자기 자신이 충격을 가하는 방법이 있다. 먼저 주먹을 복부 상부에 놓고 구조자가 하는 것과 마찬가지로 위쪽 방향으로 충격을 가한다. 아니면 탁자나 의자 등과 같은 무엇이건 딱딱한 것에다 복부를 대고 재빠른 속도로 누른다.

19. 물에 빠진 사람의 구조는 다른 구조와 다른 처치를 해야 하는가?

아니다. 반응이 없는 것을 판단하면 기도를 확보하여 호흡이 없는 것을 판단한다. 인공호흡을 해도 가슴이 부풀어 오르지 않을 경우에는 기도폐쇄 처치를 실시한다.
- 머리의 위치를 바꾸어 인공호흡을 한다.
- 그래도 효과적으로 인공호흡이 되지 않을 경우에는 복부에 대한 충격(하임릭법)을 5회 가한다.
- 혀와 턱을 동시에 위쪽으로 들어 올려 손가락을 열쇠형으로 구부려 입속에 넣어 한 번 휘젓는다.
- 인공호흡을 시도한다.

차가운 물속에 빠져 있던 희생자가 20~30분 후에 소생된 예도 적지 않다. 특히 어린이의 경우가 많으므로 "이미 늦었다"며 단념하지 말고 CPR을 시도한다.

20. 환자를 움직이기 위해 어느 정도 CPR을 중단해도 되는가?

환자를 수송해야 된다는 것과 같은 특별한 사정을 제외하고는 어떤 때에도 CPR을 중단해서는 안 된다. 만약 환자를 꼭 움직여야 할 필요가 있을 경우, 예를 들면 계단을 오르내려야 할 필요가 있을 경우에는 계단 위와 내려간 곳에서 CPR을 하다 중단하고 수초 동안에 환자를 움직이고 계단의 다음 평평한 곳에서 다시 CPR을 한다.

21. 구조자가 손이나 손목의 관절염이나 기타의 증상으로 심장마사지를 효과적으로 못 할 경우 흉부압박을 어떻게 하면 되는가?

손의 다른 위치로는 한 손을 흉골 위에 놓고 흉골 아래쪽에 위치하는 손으로 흉골 위에 위치한 손목을 쥔다.

22. CPR 연수는 얼마동안의 빈도로 받아야 하는가?

ECC위원회는 CPR의 기술을 새롭게 하기 위해서 2년에 한 번의 연수를 권장하고 있다. 여러분의 지구의 AHA는 그보다 더욱 빈번한 연수를 권장하고 있는지도 모른다. AHA는 지구마다 가장 적합하다고 생각하는 연수빈도를 정해 두고 있으므로 여러분의 지구 AHA에 문의하시기 바란다.

※ 위는 미국의 경우이며 한국에서는 한국 CPR봉사단 본부 또는 지부에서 세미나가 있을 경우 참가하도록 한다.

자기채점 테스트

년   월   일   이름(   )

1. **심장발작의 징후가 있는 환자가 일반적으로** _____

    a. 돌발적으로 발작하여 정신을 잃는다.
    b. 심장발작을 일으키고 있는 것을 부인한다.
    c. 스스로 의사에게 간다.
    d. 통증을 멈추게 하려고 잠을 잔다.

2. **심장병의 위험요인을 아는 것은 중요하다. 왜냐하면** _____

    a. 심장발작을 일으키는지 아닌지 지침이 되기 때문이다
    b. 심장발작으로 이어지는 요인을 판단할 수 있기 때문이다.
    c. 공포로 금연을 할 수 있기 때문이다.
    d. 심장발작에서 회복하는데 도움이 되기 때문이다.

3. 심장발작을 일으키고 있는 환자는 일반적으로 이렇게 느껴진다.

   a. 불쾌한 압박감
   b. 가슴 근처가 죄어 붙는 것처럼
   c. 소화불량
   d. 위의 항목 모두

4. 심장발작의 가장 큰 위험은 _____

   a. 뇌졸중
   b. 뇌사
   c. 흉부의 극심한 통증
   d. 심장정지

5. 구조자가 CPR을 할 때에 환자의 용태는 이미 _____

   a. 뇌장해를 받고 있다.   b. 동공이 열려있다.
   c. 호흡이나 맥박이 없다.   d. 호흡이 얕다.

6. 의식이 없는 환자의 가장 일반적인 기도폐쇄는?

   a. 식품   b. 혀나 후두개   c. 점액   d. 의치

7. 사고나 병으로 실신해 있는 환자에게 최초로 해야 할 처리는 _____

   a. 환자의 입속에 이물이 있는지 찾는다.
   b. 반응이 없다는 것을 판단한다.
   c. 하임릭법을 실시한다.
   d. 기도를 확보한다.

8. 의식이 없는 환자에게 인공호흡을 시도했으나 기도가 폐쇄되어 있는 것 같이 생각되는 경우에 구조
자는 _____

    a. 머리의 위치를 바꾸고 인공호흡을 다시 시도한다.

    b. 흉부압박마사지를 시작한다.

    c. 맥박과 호흡을 체크한다.

    d. 이물에 의한 기도폐쇄가 있는지 체크한다.

9. 기도를 확보하기 위해서 사용해야할 방법은 _____

    a. 머리를 뒤로 젖히고 턱을 위로 향해 밀어 올린다.

    b. 머리를 한쪽으로 향하게 한다.

    c. 환자의 등을 두들긴다.

    d. 입과 목안을 닦는다.

10. 의식이 없는 환자의 호흡 판단은 _____

    a. 동공이 열렸는지 본다.   b. 살갗이 변색되었는지를 본다.

    c. 맥박을 본다.   d. 환기를 본다, 듣는다, 느낀다.

11. 기도를 확보했는데도 호흡을 하지 않고 있는 것처럼 생각되었을 때는 _____

    a. 흉부압박에 의한 심장마사지를 시작한다.

    b. 맥박이 없다는 것을 판단

    c. 동공을 체크한다.

    d. 인공호흡을 2회 한다.

12. CPR 도중에 환자가 구토를 일으켰을 때 적절한 처치는 ＿＿＿＿＿＿＿＿

 a. 구급의료기관에 통보한다.

 b. CPR을 중지하고 도움을 기다린다.

 c. 입에서 코로의 인공호흡으로 전환한다.

 d. 환자의 몸을 옆으로 뉘이고 입안을 한 번 휘겼고 CPR을 계속한다.

13. **환자의 기도를 확보하기 위해서 구조자는 먼저** ＿＿＿＿＿＿＿＿

 a. 인공호흡을 시도한다.

 b. 머리를 적절한 위치에 놓는다.

 c. 목구멍에서 이물을 제거한다.

 d. 환자를 가볍게 흔들고 "괜찮아요?"라고 소리를 지른다.

14. **구조자에게서 인공호흡을 받는 환자는 다음과 같이 해서 숨을 내쉰다.**

 a. 흉부가 편안해져서 자연스럽게 숨을 내쉬게 된다.

 b. 구조자의 손으로 가볍게 압박을 받아 숨을 내쉰다.

 c. 흉부압박으로 숨을 내쉬게 된다.

 d. 환자의 머리를 옆으로 향하게 함으로써 숨을 내쉰다.

15. **CPR 도중에 위가 팽창하는 원인은** ＿＿＿＿＿＿＿＿

 a. 환자의 위속으로 공기가 들어간다.

 b. 의식이 없는 환자는 숨을 내뱉는 것이 불충분해서이다.

 c. 위속에 액체가 너무 많아서이다.

 d. 흉부압박의 압력이 너무 강해져서이다.

16. 환자의 맥박을 보기 위해서 구조자가 촉진을 해야할 맥은 _____

    a. 팔의 상부, 상완동맥   b. 가랑이가 붙은 곳에 있는 대퇴동맥
    c. 목에 위치한 경동맥   d. 손목의 요골동맥

17. 흉부압박을 하는 심장마사지를 올바르게 해도 장해를 받는 내장이 있다. 그 기관은 _____

    a. 폐에 구멍이 뚫어져 버린다.
    b. 간장에 열상이 생긴다.
    c. 늑골과 흉골에 금이 간다.
    d. 위에서 말한 모든 것

18. 대인환자에게 흉부압박 심장마사지를 하는 경우 양손을 포개서 하는데 아래쪽 손바닥끝의 위치는

    a. 흉골의 하느 절반부분   b. 흉골의 상부 3분의 1가량
    c. 흉골 한가운데   d. 검상돌기

19. 대인환자에서 흉부압박 심장마사지를 하는 경우에 흉골은 어느 정도로 눌리는가?
    a. 2~3cm   b. 3~4cm   c. 4~5cm   d. 5~6cm

20. 심폐정지인 어린이가 있는데 다른 구조자의 도움은 전혀 받을 수 없을 것 같은 경우에 취해야 할 처지는 _____

    a. 환자의 기도확보를 하기 전에 구급의료기관에 통보한다.
    b. 아무 처치도 하지 않고 구조가 도착하기까지 기다린다.
    c. 기도를 확보하고 구급의료기관에 통보한다.
    d. CPR을 1분간 실시하고 그 후에 구급의료기관에 통보한다.

21. 의식이 있는 환자의 기도가 이물에 의해서 폐쇄되어 있는지 판단하려면 _____

    a. 환자에게 '무엇이 목에 막혔나요?'라고 묻는다.

    b. 환자를 흔들어 본다.

    c. 환자의 자세를 바꾼다.

    d. 복부충격처치를 실시한다.

22. 의식이 없는 환자에게 하임릭법을 실시하는데 있어서 구조자는 _____

    a. 환자의 발목 위에 앉는다.

    b. 환자의 가슴 옆에 앉는다.

    c. 환자의 발 옆에 앉는다.

    d. 환자의 대퇴부를 타고 앉아 무릎을 꿇는다.

23. 기도가 부분적으로 폐쇄되어 환자가 강하게 기침을 하고 있으면 _____

    a. 맥을 본다.   b. 복부충격처치를 한다.

    c. 입속을 한번 휘젓는다.   d. 환자에게 간섭을 하지 않는다.

24. 어른이 이물에 의한 기도폐쇄를 일으키기 쉬운 것은 _____

    a. 수면 중에   b. 식사 중에

    c. 심장발작을 일으키고 있을 때   d. 운동 중에

25. 환자의 폐가 충분히 환기가 되지 않는 것은 _____

    a. 위속에 공기가 너무 들어갔다.

    b. 머리가 뒤로 충분하게 젖혀져 있지 않다.

    c. 밀봉상태가 충분치 않다.

    d. 위에서 말한 것 모두이거나 아니면 어느 한가지 이다.

26. 배부고타법을 해도 유아의 기도가 폐쇄되어 있을 경우에는 _____

    a. 복부충격을 최고 5회까지 한다.

    b. 다시 배부고타를 최고 5회까지 한다.

    c. 흉부충격을 최고 5회까지 한다.

    d. 유아을 거꾸로 하고 흔든다.

27. 유아에게 CPR을 실시하고 있을 때 유아의 흉부압박은 _____

    a. 2~3cm   b. 3~4cm   c. 4~5cm   d. 5~6cm

28. 유아에게 흉부압박 심장마사지를 할 때의 속도는 _____

    a. 1분에 60회   b. 1분에 80회   c. 1분에 90회   d. 1분에 100회

29. 유아나 어린이의 심장정지의 주된 원인은 _____

    a. 심장발작   b. 호흡정지   c. 전기쇼크   d. 물에 빠져서

30. 유아나 어린이를 CPR할 때, 인공호흡과 흉부압박 심장마사지의 비율은 _____

    a. 압박 15회, 호흡 2회   b. 압박 15회, 호흡 5회

    c. 압박 5회, 호흡 1회   d. 압박 5회, 호흡 2회

31. 유아의 맥은 어디를 촉진하면 되는가?

    a. 목의 경동맥   b. 팔의 상완동맥

    c. 손목의 요골동맥   d. 가랑이가 붙은 곳의 대퇴동맥

32. 미국 하트 애쇼시에이션의 가드라인에 의한 어린이용 CPR 대상연령은?

a. 1세 이하

b. 1세에서 8세

c. 8세에서 10세

d. 10세에서 12세

33. 어린이에게 CPR을 실시하고 있을 때 소아의 흉부압박은?

a. 2~3cm

b. 3~4cm

c. 4~5cm

d. 5~6cm

34. 어린이에게 하는 인공호흡의 속도는?

a. 1분에 10회

b. 1분에 12회

c. 1분에 15회

d. 1분에 20회

법률적, 도덕적인 문제

아메리칸 하트 애소시에이션(미국심장협회)의 기중에 준하여 CPR 코스를 마친 것은 인정받으나 이것은 면허로서의 효력을 갖지 못하며, 또 연수생의 앞으로의 퍼포먼스를 보증하는 것도 아니다.

지금까지 CPR을 한 일반인이 피소된 예는 없다. 대부분의 주에서 선의를 가지고 CPR을 한 일반인 혹은 전문가를 보호하는 「Good samaritan laws」을 제정해 두고 있다.

'Good samaritan laws'의 거의가 정규 연수를 받지 않은 일반인이 CPR을 한 경우에도 보호를 하고 있다.

구급의료전문가가 도착할 동안, 환자의 생명을 유지할 수 있도록 사회인 모두가 CPR을 배워야 할 것이다. 물론 CPR을 실시함으로써 자신에게 의학적 혹은 정신적인 위험을 가져올 때는 별문제이다.

선의를 가지고 CPR을 시작했을 경우에는 다음과 같은 사태가 발생하지 않는 한 CPR을 중단하지 말아야 한다.
- 환자가 회복을 했다(맥박도 호흡도 되돌아왔다).
- 훈련을 받은 두 번째 구조자가 도착했다.

- 피로 때문에 계속이 불가능해졌을 경우.
- 법적으로 유효한 '소생을 금한다' 명령을 제시받은 경우.

1991년에 제정된 '환자의 자기의사 결정에 관한 법'은 의료에 관한 자기의 의사를 미리 결정할 권리를 지키는 법이다. 의사나 가족은 환자와 여러 가지 상황 하에서의 CPR에 대한 이야기를 하고 환자의 의사를 물어야 한다. 이 건에 대한 상세한 정보는 담당의사 혹은 병원에 문의한다.

심장용어 해설

협심증(Angina Pectoris) – 심장근육이 충분한 혈액공급을 받지 못한 상태. 가슴의 통증이나 왼쪽 어깨의 통증을 일으킨다. 일반적으로 운동중이나 정신적으로 동요되었을 때에 일어나기 쉽다.

동맥(Artery) – 심장에서 체내의 여러 부분에 혈액을 운반하는 혈관

동맥경화증(Atherosclerosis) – 지방성인 물질이 혈관 내벽에 부착되어 울룩불룩하게 두꺼워져서 동맥의 관 안쪽이 좁아져 혈액 공급이 감소한다.

혈압(Blood Pressure) – 심장에서 혈액이 밀려나올 때의 압력. 동맥내의 혈액의 압력.

모세혈관(Capillaries) – 가장 가느다란 혈관이며 체내의 세포에 산소를 머금은 혈액을 공급한다.

심장의(Cardiac) – 심장에 관계한다.

심장 정지(Cardiac Arrest) – 심장의 고동이 정지한다.

심폐소생법(Cardiopulmonary Resuscitation, CPR) – 흉부압박에 의한 심장마사지와 구강 대 구강(Mouth to Mouth)의 인공호흡을 조합하여 심장정지나 호흡정지가 된 환자에게 보다 고도의 의료처치가 도착할 때까지 뇌에 산소를 함유한 혈액을 계속해서 공급한다.

심장혈관(Cardiovascular) – 심장혈관에 관계한다.

콜레스테롤(Cholesterol(dietary) – 동물의 체내조직에서 보게 되는 지방모양의 물질.

순환시스템(Circulatory System) – 심장과 혈관(동맥, 혈관, 모세혈관.)

관상동맥(Coronary Arteries) – 대동맥에서 나와 있는 두 개의 동맥인데 심장의 바깥쪽을 둘

러싸고 있으며 심장근육에 혈액을 보내고 있다.

관상동맥용집중치료실(Coronary Care Unit, CCU) - 병원 내에 설치되어 있는 특별 집중치료실이나 긴급 이동가능 유니트이며, 모니터용 장치가 부착되어 있고 특별히 훈련된 스탭이 있는 관상동맥증 환자의 치료용 설비.

관상동맥폐쇄(Coronary Occlusion) - 관상동맥이 좁아지거나 부분적으로 폐쇄되어 심장근육에 혈액이 충분히 공급되지 않는 상태. '심장발작' 참조

관상동맥혈전증(Coronary Thrombosis) - 심장근육으로 혈액을 공급하는 동맥의 하나에 피의 덩어리가 생긴다. '관상동맥폐쇄'이라고도 부른다.

당뇨병(Diabetes Mellitis) - 체내의 탄수화물의 소비에 관계하는 병이며 일반적으로 체내의 인슐린이 이상으로 많이 만들어지거나 방해되어 버린다.

심장발작(Heart Attack) - 일반적으로 사용되는 말이며 동맥 내에 혈액의 덩어리가 생기기 때문에 동맥이 폐쇄되어 그 동맥에 의해서 혈액을 공급받고 있는 심장근육이 정지된다. '심근경색'이라는 말이 '심장발작'의 바른 용어이다.

고혈압증(High Blood Pressure, Hypertension) - 정상인 상태보다 혈압이 오른다.

고혈압증(Hypertension) - 상기의 고혈압과 같다.

심근경색(Myocardial Infarction) - '심장발작'을 참조

심근(Myocardium) - 심장의 근육

니트로글리세린(Nitroglicerin) - 혈관을 팽창시키는 작용을 가진 약이며 협심증 치료에 사용된다.

동맥폐색(Occluded Artery) - 동맥의 폐쇄로 혈액이 흐르는 것이 방해를 받는다.

폐의(Pulmonary) - 폐의 관계한다.

뇌졸중(Stroke) - 뇌의 일부에 혈액이 충분히 공급되지 않아서 일어난다. 급격하고 격렬한 발작, '뇌졸중'의 다른 표현으로는 '뇌출혈' 또는 '뇌일혈'이 있다.

혈관의(Vascular) - 혈관에 관계한다.

정맥(Vein) - 혈관 시스템의 혈관이며 몸의 여러 부분에서 혈액을 심장으로 운반하는 역할을 한다.

| 저자소개 |

백남섭
명지대학교 대학원 이학박사
한국 사회체육진흥회 이사
용인시 체육회이사
용인대학교 생활체육지도자 연수원장
용인대학교 평생교육원장
용인대학교 체육학과 교수

김효철
원광디지털대학교 한방미용예술학과 교수
명지대학교 대학원 체육학전공 이학박사
중국 요녕중의약대학교 대학원 중의내과전공 의학박사

심명섭
한국CPR봉사단단장
일본적십자사 구급원
SAJ(일본스키연맹) 공인 SKI PATROL
국민생활체육전국스키연합회기술위원장
코치아카데미25기수료
경기지도자2급(스키)
SAJ(전일본스키연맹)지도원 & 검정원
일본잠수기술협회한국대표

배영대
용인대학교 유도학과 졸업
용인대학교 체육과학대학원 체육학 석사
한양대학교 일반대학원 박사과정(체육학전공)
제24회 애틀랜타올림픽 국가대표 트레이너
현대산업개발 여자프로농구단 트레이너
LG세이커스 남자프로농구단 트레이너
우리은행 여자프로농구단 트레이너
현) 여주대학 스포츠건강관리과 겸임교수
　　　마르페(marpeh) 스포츠클리닉 운동재활 실장

김재형
용인대학교 대학원 체육학 석사
요녕중의약대학교 대학원 의학박사
이노의원 실장
조이 피부미용실 원장
군장대학교 피부미용과 겸임교수
용인대학교 평생교육원 강사

야외활동과 건강생활

초판 인쇄 2024년 2월 15일
초판 발행 2024년 2월 20일

지은이 백남섭 , 김효철 , 심명섭 , 배영대 , 김재형
펴낸이 김태헌
펴낸곳 토담출판사

주소 경기도 고양시 일산서구 대산로 53
출판등록 2021년 9월 23일 제2021-000179호
전화 031-911-3416
팩스 031-911-3417